Klaus Wengst, Demut – Solidarität der Gedemütigten

Klaus Wengst

DEMUT –
SOLIDARITÄT DER GEDEMÜTIGTEN

Wandlungen eines Begriffes und seines sozialen Bezugs
in griechisch-römischer, alttestamentlich-jüdischer
und urchristlicher Tradition

Chr. Kaiser

CIP-Kurztitelaufnahme der Deutschen Bibliothek

Wengst, Klaus:
Demut – Solidarität der Gedemütigten: Wandlungen
e. Begriffes u. seines sozialen Bezugs in griech.-
röm., alttestamentl.-jüd. u. urchristl. Tradition /
Klaus Wengst. – München: Kaiser, 1987.
ISBN 3-459-01715-5

Für
Antonio Reiser

Inhaltsverzeichnis

8

Vorwort

Wie kommt ein Autor zu seinem Thema für ein Buch? Diesmal bedurfte es bei mir mehrerer Anstöße. Vor nicht allzu langer Zeit hätte ich es für ausgeschlossen gehalten, über »Demut« zu schreiben. Entsprechend blickten mich Freunde verwundert an, wenn ich ihnen in den letzten beiden Jahren sagte, woran ich arbeite. Den ersten Anstoß, der zunächst ohne Folgen blieb, gab mir *Antonio Reiser* mit der These, die Armen und Demütigen in den matthäischen Seligpreisungen seien die *Ver*armten und *Ge*demütigten. Bevor er nach Argentinien zurückging, hat er in der Zeit seines Exils in der Bundesrepublik mehrfach im Rahmen meiner Vorlesungen Vorträge gehalten, von denen ich dankbar gelernt habe. Ihm sei deshalb dieses Büchlein gewidmet. Den zweiten Anstoß erhielt ich, als ich eine Predigt über Eph 4,1–6 zu halten hatte. Bei der Vorbereitung darauf stellte sich die Vermutung ein, daß es spannend sein könnte, intensiver über das Thema »Demut« zu arbeiten. Daß das dann tatsächlich geschah, dazu war ein weiterer Anstoß nötig: die Festschrift zum 80. Geburtstag von Herrn Prof. D. *Heinrich Greeven* DD, dem Senior unserer Fakultät. Als bei der Ausarbeitung mein Beitrag immer länger wurde, konnte ich nur einen Teil in der Festschrift veröffentlichen, den Abschnitt über Paulus und die paulinische Tradition (Studien zum Text und zur Ethik des Neuen Testaments, hg. v. Wolfgang Schrage, BZNW 47, Berlin u. New York 1986, 428–439). Den ganzen Beitrag lege ich nun in überarbeiteter Fassung vor.

Mein herzlicher Dank gilt Frau *Edith Lutz*, die das Manuskript erstellt und sich auch an der Erschließung der nicht-biblischen Quellen und am Korrekturlesen beteiligt hat. Für große Hilfe bei den zwei letztgenannten Aufgaben danke ich *Karoline Hafer* und *Iris Lorenz* als studentischen Hilfskräften, für das Korrekturlesen auch meiner Frau. Mein Wiss. Mitarbeiter *Martin Leutzsch* hat mehr Hinweise auf die Wirkungsgeschichte gegeben, als ich auswerten konnte, und das Register erstellt. Die Kollegen *Gerhard Binder* und *Bernd Effe* haben den griechisch-römischen Teil, *Jürgen Ebach* eine Vorform des alttestamentlich-jüdischen Teils durchgesehen. Auch ihnen sage ich Dank.

Bochum, im Juli 1987   Klaus Wengst

I. EINLEITUNG

»Es sind stets . . . die Selbstbewußten, welche die
Demütigen sind«

»Der getretene Wurm krümmt sich. So ist es klug. Er verringert damit
die Wahrscheinlichkeit, von neuem getreten zu werden. In der Sprache
der Moral: *Demut.* –« (*Friedrich Nietzsche,* Götzen-Dämmerung.
Sprüche und Pfeile 31, Werke III, hg. v. Karl Schlechta, Ullstein 2909,
Frankfurt/M. u.a. 1976, 393).

»Nietzsche, der glänzendste Vertreter der egoistischen Schule, hat
mit todsicherer Logik und ehrenvoller Wahrheitsliebe zugestanden,
daß die Philosophie des Selbstgenügens dazu führte, auf den
Schwächlichen, Feigen und Unwissenden herabzusehen. Das Herab-
sehen mag ja eine sehr ergötzliche Beschäftigung sein, nur gibt es
nichts, von einem Bergesgipfel bis zu einem Kohlkopf, das man von
einem Flugzeug aus wirklich sähe. Der egoistische Philosoph kann
von himmlischen, verklärten Höhen aus sehen, nur sieht er es auch
verkürzt oder verunstaltet« (*G. K. Chesterton,* Verteidigung des Un-
sinns, der Demut, des Schundromans und anderer mißachteter Dinge,
Olten u. Freiburg i.Br. 1945, 86f).

Mit diesen Sätzen hat Chesterton die Frage der Perspektive angesprochen. Er spielt sie ebenso schlicht wie überzeugend an einem ein-
fachen Fall und doch hintergründig durch: »Daß die Bäume hoch sind
und die Gräser kurz, ist reiner Zufall; es gilt nur in bezug auf unseren
eigenen Maßstab. Aber für den, welcher auch nur einen Augenblick
dieses müßigen Maßstabes sich entledigen konnte, wird das Gras zum
ewigen Wald, werden die Meilensteine der Landstraße zu rätselhaften
Bergen...« (88). »Der andere Weise indes, dem Ehrgeiz und Größe als
Richtschnur dienen, gleicht einem Riesen, der immer größer und größer wird, was nur so viel heißen will, als daß die Sterne immer kleiner
und kleiner werden. Eine Welt nach der anderen zerrinnt ihm: das lei-

denschaftliche, verworrene Leben der ›Alltäglichen‹ geht ihm verloren . . .« (89).

Diese Frage der Perspektive ist auch zu stellen für das Verständnis des Begriffes »Demut« selbst sowie für die jeweils damit verbundene Wertung. »Es wurde bereits oft festgestellt, daß das griechische Wort ταπεινός (›demütig‹) und seine Ableitungen in der Profangräzität in erster Linie mit einer negativen Konnotation versehen sind . . . Im Alten Testament . . ., der Septuaginta und im Neuen Testament kommt diese Wortgruppe hingegen fast nur in positiver Bedeutung vor.«[1] Dieser Tatbestand soll in den folgenden Darlegungen nicht noch einmal bestätigt werden. Dagegen scheint mir seine Erklärung einer Nachfrage zu bedürfen. Walter Grundmann sieht »die verschiedene Qualifikation der Wortgruppe ταπεινός in der griechischen Literatur und im biblischen Schrifttum . . . durch das verschiedene Verständnis des Menschen bestimmt. Das Bild des freien Menschen im Griechentum führt zur Verachtung der Unfreiheit und Unterwürfigkeit; sie qualifiziert ταπεινός und seine Derivata negativ. Demgegenüber ist in Israel und im nachexilischen Judentum der Mensch durch das Handeln des Gottes bestimmt, auf den der Mensch hören, dem er gehören und gehorchen soll, so daß er sich als Knecht Gottes bezeichnen kann«.[2] Hans Helmut Eßer nimmt diese Unterscheidung auf als die zwischen anthropozentrischem und theozentrischem Menschenbild.[3] Nach Albrecht Dihle kann Demut als Tugend »nur dort entstehen, wo man den Menschen schlechthin als niedrig, als um Gnade bittenden Sünder versteht. Grundsätzlich . . . verschmähen sowohl Griechen wie Römer jede Haltung oder Gebärde, die einer Minderung des Persönlichkeitswertes gleichkommt«.[4] Aber ist diese Rede von »dem Menschen schlechthin« nicht doch eine allzu schnell vorgenommene Abstraktion? Es soll nicht bestritten werden, daß es Hinsichten gibt, nach denen Unterschiede zwischen Menschen Gott gegenüber hinfällig werden, so daß auch von »dem Menschen« geredet werden kann. Zunächst jedoch wäre konkret nach *den* Menschen zu fragen, und das heißt auch nach den verschiedenen sozialen Lebensbedingungen, in denen diejenigen leben, die in den Texten sprechen und über die gesprochen wird. Das liegt bei dem Begriff »Demut« um so näher, als er

---

1 Rehrl, Demut 464.
2 ταπεινός 12,1–9.
3 Eßer 176.
4 Dihle 741; vgl. 749.

»seinem ursprünglichen Sinn nach mit den sozialen Gegebenheiten zusammen(hängt) und ... in die große geschichtliche Dialektik des Verhältnisses von Herr und Sklave (hineingehört)«[5]. Was unter »Demut« verstanden und wie sie bewertet wird, ist nicht unabhängig davon, wer sie wem in welcher sozialen und politischen Situation zuschreibt. Dem soll im folgenden nachgegangen werden[6]. Unbeschadet der prinzipiellen Richtigkeit der Feststellung, daß »Demut« im griechisch-römischen Bereich negativ besetzt ist, im alttestamentlich-jüdischen und urchristlichen aber positiv, gibt es innerhalb der einzelnen Traditionsbereiche doch kräftige Verschiebungen im Verständnis des Begriffs.[7]

Chesterton spricht von den »Visionen desjenigen, der, wie das Kind im Märchenbuch, sich vor dem Kleinsein nicht fürchtet« (89). Sich vor dem Kleinsein nicht zu fürchten und deshalb die Vision von einer Gemeinschaft der Menschen zu haben, in der es keine Großen gibt, die Kleine wie Würmer zertreten, und in der es keine Kleinen gibt, die sich vor den Großen ducken müssen – so könnte eine Demutslinie in alttestamentlich-jüdisch-urchristlicher Tradition umschrieben werden, die es hier zu erinnern gilt. Nach Chesterton fühlten sich die Menschen, denen der »Bund mit Gott ... klare Aussicht auf eine Befreiung erschloß«, gedeckt[8]: »Sie erachteten sich als durch eine unwiderrufliche Verheißung befugt, über die Sterne erhoben zu werden, und gleichzeitig entdeckten sie die Demut ... Es sind stets die Sicheren, die Selbstbewußten, welche die Demütigen sind« (84).

5 Mehl 80; vgl. auch die Fortsetzung des Zitates: »Der gedemütigte Mensch ist in erster Linie der Unterworfene, der vor seinem Sieger die Knie beugt und sich zu Boden wirft ... Ersetzt eine Rechtsordnung die alte Gewaltordnung, so ist es die soziale Hierarchie, die der Demut als Beziehungspunkt dient.« Das steht am Beginn eines Artikels, der »Demut« unter systematisch-theologischem Gesichtspunkt behandelt. Dagegen wird ein neuerer Artikel zum ethischen Aspekt dieser Dimension überhaupt nicht gewahr und versteht »Demut« nur unter dem Oberbegriff der Tugend: Radler 483–488, besonders 483f.
6 Es wird nicht beansprucht, daß das zum ersten Mal geschehe, aber es soll doch versucht werden, es in einiger Konsequenz zu tun.
7 Im Rahmen dieses Beitrages können und sollen die Belege nicht vollständig herangezogen werden. Besonders in den ersten beiden Teilen kommt nur eine kleine Auswahl von Texten zu Wort. Sie dürfte aber ausreichen, um die genannte Fragestellung verfolgen zu können. Im übrigen sei verwiesen auf Rehrl, Demut, sowie auf die Artikel von Grundmann, Eßer, Dihle, Martin-Achard, Preuß, Awerbuch und Giesen (s. Literaturverzeichnis).
8 Er spricht hier nur vom »Neuen Testament« (83); aber genau das gilt doch schon für Israel von der Befreiung aus dem Sklavenhaus in Ägypten an.

II. ERSTER HAUPTTEIL

»Schandtaten, niedrige Herkunft, schmutzige Armut, schimpfliches Handwerk oder Gewerbe« »Demut« in griechisch-römischer Tradition

»Die Demut als Tugend ist der gesamten antiken Ethik fremd.«[1] Allerdings wäre genauer zu fragen, aus welcher Sichtweise der Demutsbegriff hier geprägt wurde. Es ist nämlich auffällig, daß bei den Autoren der griechischen und römischen Antike die Wörter, die »demütig« und »Demut« bedeuten[2], oft in einem klaren sozialen und politischen Kontext stehen. Entscheidend für ihr Verständnis ist, daß mit ihnen sozial Hochgestellte »von oben herab« über sozial Niedriggestellte sprechen. Die von daher bestimmte Wertigkeit des Demutsbegriffes bleibt in der Regel auch dort bestehen, wo er aus diesem Zusammenhang herausgelöst ist.

---

1 Dihle 737. Er unterscheidet dabei von Demut die im Griechentum sehr wohl bekannte »Forderung, sich selbst und seine Grenzen zu erkennen« (738). Das tut Rehrl, Problem, nicht und gelangt so zu einem anderen Urteil (vgl. vor allem den Schluß 196–203). Er bestimmt vorab den »christlichen Demutsbegriff« (13–23), den er zusammenfassend so beschreibt: »Demut ist jene Tugend, die das Streben des Menschen nach Selbstgeltung und Selbstsein ... vor Gott und den Menschen ins rechte Maß verweist (Demut der Stufe I); darüber hinaus verleiht sie, insoweit es gut und erlaubt ist (!), die Fähigkeit, auch auf jene Geltung zu verzichten, auf die der Mensch seinem Sein und Stande (!) nach Anspruch hätte (Demut der Stufe II)« (22). Die Grenzen für Stufe II »liegen dort, wo der Gesamtordo erfordert, daß die gebührende Achtung und Autorität z.B. nicht gefährdet werden« (19). Damit läßt sich dann in schöne Übereinstimmung bringen die Scheu der Griechen »vor Hybris oder Selbstüberhebung einerseits und vor würdeloser Selbstpreisgabe und kriecherischer Fügsamkeit andererseits. Die Tugend der Selbstbescheidung liegt für sie in der Mitte zwischen diesen zwei Lastern. Dies gilt auch für den Christen« (201).
2 Es handelt sich um ταπεινός und *humilis* sowie um die jeweiligen Ableitungen.

1. ». . . kleine Leute, wie wir es sind«
»Demut« als niedrige soziale Stellung

Ein relativ später Beleg, die Romrede des Aelius Aristides, bietet eine
urtümliche Bedeutung des griechischen Begriffs. Aristides führt einen
Ausspruch des Oibaras an, der dem Perserkönig in einem bildlichen
Vergleich klargemacht haben soll, weshalb er in seinem Reich umher-
ziehen müsse: »Er sehe ja, was mit einem Schlauch geschehe: Die Teile, auf die er trete, würden niedergedrückt (ταπεινὰ ἐγίγνετο) und be-
rührten die Erde, während sich die Teile, von denen er sich entferne,
wieder aufrichteten und nur dann niedergedrückt würden (ἐταπει-
νοῦτο), wenn er wieder auf sie trete.«[3] Die »Demütigen« wären demnach die durch Herrschaft Niedergedrückten und Niedergehaltenen.
So schildert Caesar, »in wie demütigender Lage« *(quam humiles)* er
die Haeduer vorgefunden habe: »zusammengetrieben in die Städte,
ihrer Felder entzogen, alle Bundesgenossen entrissen, mit aufgebür-
detem Tribut und unter größtem Schimpf erpreßten Geiseln«.[4] Daher
läßt sich die Feststellung treffen: »Niedrig und unbedeutend kann der
Mensch oder ein Volk oder Staat nicht nur von sich aus sein, sondern
er kann auch *niedrig gemacht werden,* z.B. durch Waffengewalt und
überlegene Macht anderer.«[5] Im Blick auf den einzelnen Menschen
bestätigt das ein recht alter Beleg. In der »Andromache« des Euripides
droht die Königin Hermione der zur Sklavin gemachten Andromache
den Tod an und fährt dann fort: »Wenn aber nun der Sterblichen oder
Götter einer dich retten will, mußt du anstelle der früheren glückli-
chen Gedanken dich nach unten ducken (πτῆξαι ταπεινήν), vor meinen Knien niederfallen, mein Haus fegen mit Wasser aus dem Ache-
loos, das du mit der Hand aus goldgetriebenen Gefäßen sprengst, und
begreifen, wo du bist.«[6] Die »Demütige« ist hier die Sklavin, die sich
vor ihrer Herrin kniefällig zu ducken hat und die niedrigsten Dienst-

---

3 Aristeid. Romrede 18.
4 Caes. Gall. VII 54,3. Vgl. auch IV 3,4, wonach die Sueben sich die Ubier »tribut-
   pflichtig machten und sie sehr erniedrigten *(humiliores . . . redegerunt)* und
   schwächten«. Nach Plut. Solon 22,2 hielt es Lykurg im Blick auf die Menge der
   um Sparta wohnenden Heloten für besser, »sie nicht müßig gehen zu lassen,
   sondern sie durch ständige Arbeitsmühe und Schinderei niederzuhalten (ταπεινοῦσθαι)«.
5 Grundmann 2,7–10 (mit Angabe weiterer Stellen).
6 Eur. Andr. 164–168.

leistungen erbringen muß. Freundlicher klingt es an einer Stelle bei Seneca, wenn er die Sklaven »Freunde von niederem Rang« *(humiles)* nennt.[7] Deutlich ist jedenfalls, daß der Begriff eine niedrige soziale Stellung bezeichnet. Doch ist er keineswegs auf die Sklaven beschränkt, sondern umfaßt die große Mehrheit der Bevölkerung. Die *humiliores*, die Unterschichten, »die Niedrigeren«, stehen einer dünnen Oberschicht gegenüber.[8] Sie sind das gemeine Volk, die Plebs.[9] Nach Cicero ist zu beachten, daß bei der gerichtlichen Verteidigung »eines Armen, jedoch Redlichen und Bescheidenen, alle nicht unredlichen Leute niedrigen Standes *(humiles)*, die eine große Anzahl im Volk bilden, für sich Schutz bereitet sehen«.[10] Balbus und Oppius, römische Ritter und Beauftragte Caesars, machen sich kleiner, als sie sind, wenn sie an Cicero schreiben: »Die Ratschläge nicht nur kleiner Leute *(hominum humilium)*, wie wir es sind, sondern auch die hochangesehenster Männer werden von den meisten Menschen nach ihrem Ergebnis und nicht nach ihrer Absicht beurteilt.«[11]

2. ». . . nach unten zur Arbeit gebückt . . . und in jeder Hinsicht niedrig«
»Demut« als niedrige Gesinnung der kleinen Leute

Für die Wahrnehmung von oben verbindet sich mit dem niedrigen sozialen Sein auch ein niedriges Bewußtsein; die niedrige Stellung führt zu niedriger Gesinnung, die sich in Schmeichelei und Widersetzlichkeit äußert. Der Sklave hat auch eine Sklavenmoral.[11a]

So unterscheidet Aristoteles an einer Stelle freie von unfreien Arbeiten. Letztere kämen dem niedrigen Handwerker zu (βάναυσος). »Man muß aber diejenige Arbeit für eine niedrige Beschäftigung hal-

---

7 Sen. epist. 47,1.
8 Vgl. Alföldy, Sozialgeschichte 83–138, besonders das Schaubild S. 131.
9 Als Beleg sei hier nur Liv. III 36,7 genannt. Livius spricht an dieser Stelle vom Terror der Decemvirn, der sich zunächst gegen alle richtete; »allmählich begann er, sich ganz gegen das Volk *(plebs)* zu wenden. Man hielt Abstand von den Patriziern und verfuhr gegen die Niedrigen *(humiliores)* willkürlich und grausam«.
10 Cic. off. II 70.
11 Cic. Att. IX 7a,1.
11a Vgl. Friedrich Nietzsche, Jenseits von Gut und Böse 260 (Werke III [Ullstein 2909], Frankfurt/M. u.a. 1976, 175–179); Zur Genealogie der Moral I 10 (ebd. 228–231).

ten und diejenige Kunst und Wissenschaft, die den Leib der Freien oder ihre Seele oder ihr Denken unnütz machen im Hinblick auf den Gebrauch und die Taten der Tüchtigkeit (ἀρετή). Deshalb nennen wir auch alle solche Künste, die den Leib in schlechtere Verfassung bringen, und die Lohnarbeiten niedrige Beschäftigungen. Denn sie lassen dem Denken keine Muße und machen es niedrig (ταπεινήν).«[12] Entsprechend fragt Plinius einen Freund, der sich in Como aufhält: »Warum überträgst du nicht – es wird nämlich Zeit! – die niedrigen und schmutzigen Geschäfte *(humiles et sordidas curas)* anderen und widmest dich in der tiefen, behaglichen Abgeschiedenheit dort deinen Studien?«[13] Niedrige Beschäftigung und Tüchtigkeit des freien Mannes schließen einander aus. Schon Homer stellte fest: »Wenn die Herren nicht mehr gebieten, dann wollen die Sklaven nicht mehr gebührend arbeiten. Nimmt doch auch der donnernde Zeus die Hälfte der Tüchtigkeit eines Mannes weg, sobald er ihn als Sklaven gefangennehmen läßt.«[14] Tüchtigkeit (ἀρετή) kann nur der freie und unabhängige Mann haben. Die Existenz als Sklave, die durch fremdbestimmte Arbeit charakterisiert ist, verhindert wirkliche Tüchtigkeit, Schaffen aus eigenem Antrieb. Bei der »niederen Gesinnung«, der »Demut«, handelt es sich daher »um die durch die soziale Stellung bedingte Unterwürfigkeit des Knechtes«[15]. Das jeweilige soziale Sein gibt bestimmte Möglichkeiten vor und determiniert auch das Bewußtsein. Diese Erkenntnis könnte dann nur zu dem Wunsch führen, selbst möglichst nicht zum Sklaven gemacht zu werden[16].

In den oben zitierten Sätzen des Aristoteles zählen zu den niedrigen Beschäftigungen, die den Menschen an Leib, Seele und Denken untauglich machen, alle körperlich anstrengenden Arbeiten und jede Lohnarbeit. Der Zusammenhang von sozialer Lage und Gesinnung ist deutlich ausgesprochen, wenn es heißt, daß solche Beschäftigungen

---

12 Aristot. pol. VIII 2,1 (1337b).
13 Plin. epist. I 3,3.
14 Hom. Od. 17,320–323.
15 Grundmann 2,22f. – Selbst Dion Chrysostomos läßt den Diogenes gegenüber Alexander ausführen, »daß nichts anderes als die eigene Gesinnung (νοῦς) eines jeden Geist (δαίμων) ist; daß der Geist des verständigen und guten Menschen gut, der des schlechten schlecht ist, ebenso der eines freien Menschen frei, der eines Sklaven sklavisch, der eines königlichen und hochgesinnten Mannes königlich, der eines niedrigen und unedlen niedrig (ταπεινός)« (4,80).
16 Vgl. die »Stimmung« in dem fiktiven Bericht eines Schicksalsschlages in Hom. Od. 17,419–444.

das Denken niedrig machen. Freie und unfreie, edle und gemeine Arbeiten sind zu unterscheiden. Die Verachtung von Handarbeit zeigt sich auch bei Livius, wenn er die Herkunft des Terentius Varro nicht als niedrig *(humilis)*, sondern sogar als schmutzig *(sordidus)* bezeichnet und dann fortfährt: »Sein Vater soll ein Metzger gewesen sein, selbst seine Ware feilgeboten und diesen seinen Sohn zu den sklavischen Verrichtungen seines Gewerbes gebraucht haben.«[17] An anderer Stelle berichtet er, daß einem für den Senat Nominierten vorgeworfen wurden: »Schandtaten, niedrige Herkunft *(humilitas)*, schmutzige Armut, schimpfliches Handwerk oder Gewerbe«.[18] Ähnliches findet sich bei Seneca. Er macht an einer Stelle den Einwand: »Auch im Sprachunterricht, in der Heilkunst und der Nautik sehen wir, wie gerade die Niedrigsten *(humillimi)* Güter erwerben.« Er hält dem entgegen, daß diese Gewerbe nicht auf seelische Größe zielen, und stellt dann fest: »Wer kein Mann von Wert *(vir bonus)* ist, kann nichtsdestoweniger ein Arzt, kann ein Steuermann, kann ein Sprachlehrer sein, ebensogut – bei Gott! – wie ein Koch.«[19] Dürfen nach Aristoteles die Kinder der Freien auch nur in den freien Arbeiten ausgebildet werden, weil, wer die unfreien Arbeiten verrichten muß, auch eine niedrige Gesinnung hat, formuliert Seneca für die Erziehung eines Knaben: »Nichts Niedriges *(humile)*, nichts Sklavisches ertrage er; niemals sei es für ihn nötig, kniefällig zu bitten, noch nützlich, gebeten zu haben.«[20]

Als »außerordentlich Niedrige« (ταπεινοὶ λίαν) beschreibt Aristoteles an anderer Stelle solche, die in extremer Form Mangel leiden an Macht, Reichtum, einflußreichen Freunden und dergleichen. »Demut« wäre hiernach gleichbedeutend mit Armut und öffentlicher Einflußlosigkeit. Wer in dieser Weise sozial bestimmt ist, kann nicht herrschen; er vermag nur einer Herrschaft zu gehorchen, die über Sklaven ausgeübt wird.[21] Das Gegenbild des Niedrigen und Demütigen ist der Hochsinnige (μεγαλόψυχος). Auch ihn beschreibt Aristoteles nicht unabhängig von seiner sozialen Stellung, wenn es zu dessen Eigentümlichkeiten gehören soll, niemandes zu bedürfen, allenfalls in ganz

17 Liv. XXII 25,18f.
18 Liv. XXIII 3,11.
19 Sen. epist. 87,15–17.
20 Sen. de ira II 21,4.
21 Aristot. pol. IV 9,5 (1295b).

geringen Maßen, aber bereitwillig Unterstützung zu leisten und sich mit Hochgestellten zu messen.[22] Im Blick ist die autarke Einzelpersönlichkeit, von der es an früherer Stelle hieß: »Was hindert also, den glücklich zu nennen, der im Sinne vollkommener Tüchtigkeit (ἀρετή) tätig und hinreichend mit äußeren Gütern ausgestattet ist?«[23] Dieser »Glückliche« tritt nach der vorigen Stelle mit seinesgleichen in einen ruhmvollen Wettbewerb. In der Konkurrenzgesellschaft der Mächtigen wird der Vergleich mit den Niedrigen geradezu als unanständig empfunden. Er ist deshalb zu unterlassen, wie es sich ja auch nicht gehört, daß der Gesunde sich gegenüber dem Kranken brüstet. Wie dieser Vergleich mit Kranken und Gesunden zeigt, gelten die gesellschaftlichen Verhältnisse als »natürlich«. Daß Kranke zu heilen sind, wird Aristoteles allerdings nicht zum Gleichnis. Gesellschaftliche Veränderungen sind nicht in seinem Blickfeld. Er schreibt für die Bessergestellten. Ihnen empfiehlt er auch Milde.[24] Milde und »Demut« gebraucht er nicht parallel, sondern er wertet Milde positiv und »Demut« negativ und teilt sie unterschiedlichen Personengruppen zu. Milde wird von oben gewährt[25] – zuletzt auch denen, die sich selbst demütigen und damit ihre Unterlegenheit kundtun: »(Menschen erweisen sich) auch denen (als mild – πρᾶοι), die sich ihnen gegenüber demütigen (τοῖς ταπεινουμένοις) und nicht widersprechen; denn sie zeigen damit an, daß sie bekennen, geringer zu sein. Die aber geringer sind, fürchten sich; keiner jedoch, der sich fürchtet, schätzt (den anderen) gering. Daß aber gegenüber denen, die sich demütigen, der Zorn nachläßt, machen auch die Hunde klar, die solche nicht beißen, die sich setzen.«[26] Die Konkurrenzgesellschaft ist geprägt von latenter Furcht voreinander. Sind die Machtverhältnisse geklärt, ist in der

---

22 Aristot. eth. Nic. IV 3,26 (1124b).
23 Ebd. I 10,15 (1101a); hierzu Frey 353: »Aristoteles nimmt ständische Ideale und ein sozial gebundenes Menschenbild auf: Großzügigkeit, Großgeartetheit und Hochsinnigkeit (. . . also ›Seelengröße‹) spiegeln den sich selbst kultivierenden Oberschichtmenschen.«
24 Aristot. rhet. II 3,1–6 (1380a).
25 Zur »Milde« als Tugend der Mächtigen vgl. Hauck/Schulz 646 mit Anm. 4–6; Winkler 213f. Besonders hinzuweisen ist auf die ausdrückliche Trennung von πρᾶος und ταπεινός bei Cass. Dio 74,5,7, wo Kaiser Pertinax beschrieben wird als »majestätisch ohne finsteres Wesen, huldvoll ohne Niedrigkeit (πρᾶος ἔξω τοῦ ταπεινοῦ), verständig ohne Hinterlist, gerecht ohne Spitzfindigkeit, mit einer Amtsführung ohne Filzigkeit, von hohem Sinn ohne übermütigen Stolz«.
26 S. Anm. 24.

»Hundegesellschaft« die Rangordnung hergestellt, kann auf der einen Seite Milde walten, und auf der anderen greifen Furcht und »Demut« Platz.[27]

Auch bei Xenophon scheint ein Zusammenhang von sozialer Stellung und ethischer Qualifikation durch. Im Gespräch mit einem Maler über die Frage, ob das innere Wesen eines Menschen abbildbar sei, läßt er Sokrates eine Reihe von Oppositionen bilden. Auf der einen Seite stehen Edelmut, Anstand (= die Art eines Freien: τὸ ἐλευθέριον), das Besonnene und Vernünftige sowie schönes, gutes und liebenswertes Betragen, auf der anderen aber Niedrigkeit/Demut (τὸ ταπεινόν), das Gemeine (= die Art eines Unfreien: τὸ ἀνελεύθερον), Übermut und Rohheit sowie schlimmes, böses und hassenswertes Betragen.[28]

Den im Zusammenhang dieses Abschnitts aufschlußreichsten Text bietet Lukian. Er erzählt, daß er nach der Schulzeit zu seinem Onkel in die Steinmetzlehre gegeben worden sei. Nach seiner Flucht gleich am ersten Tag habe er einen Traum gehabt, in dem sich zwei Frauen, eine derbe und eine schöne, um ihn gestritten hätten. Schließlich sei ihm die Entscheidung überlassen worden, nachdem sich jede von ihnen vorgestellt hätte. Die Versprechungen der einen, der Bildhauerkunst, hätte die andere, die Bildung, so kommentiert: »Welch große Güter du dir nun erwerben wirst, solltest du ein Bildhauer werden, hat dir diese angekündigt: Nichts nämlich, als daß du ein Arbeiter sein wirst, der sich körperlich abrackert und darauf wohl die ganze Hoffnung seines Lebens setzt, selber unscheinbar, mit geringem und kümmerlichem Verdienst, von niedriger Gesinnung (ταπεινὸς τὴν γνώμην), genügsam im Blick auf das Einkommen, weder den Freunden vor Gericht nützlich noch den Feinden schädlich noch den Mitbürgern beneidenswert, sondern allein das: ein Arbeiter, einer aus dem großen Haufen, der jedesmal vor dem gerade Mächtigen sich duckt, dem den Hof macht, der zu reden versteht, ein Hundeleben

---

27 Den Zusammenhang von niedriger sozialer Stellung und negativen Empfindungen zeigt sehr deutlich eine Reihung von Begriffen in der alten Stoa: »Niedergeschlagenheit, Niedrigkeit/Demut (ταπεινότης), Sklaverei, Freudlosigkeit, Mutlosigkeit, Elend, jede schlechte Lage« (SVF III 107).

28 Xen. mem. III 10,5. Vgl. die ähnlichen Gegenüberstellungen bei Cicero: fam. III 10,7; div. I 88. – In der Rhetorik findet das seinen Ausdruck, wenn Quintilian als verbotene niedrige Ausdrücke *(humilia)* definiert, die »unter der Würde der Gegenstände oder des Ranges (sc. der Person) sind« (inst. VIII 2,2).

führt und ein gefundenes Fressen des Höherstehenden ist.«[29] Am
Schluß ihrer Rede hält die Bildung Lukian noch einmal vor, welches
Geschick ihn erwarten wird, sollte er sich der Bildhauerkunst anvertrauen: »Du wirst einen schmutzigen Kittel anziehen, ein sklavisches
Äußeres annehmen, kleine Hebel, Stichel, Meißel und Schlägel in den
Händen halten, nach unten zur Arbeit gebückt, gewöhnlich und gemein und in jeder Hinsicht niedrig (ταπεινός), dabei aber den Blick
niemals nach oben richten und überhaupt nichts im Sinn haben, was
eines freien Mannes würdig ist.«[30] Als erstrebenswert gilt es, den Mitbürgern beneidenswert zu sein, vor Gericht die Freunde unterstützen
und den Gegnern Furcht einflößen zu können. Das gesellschaftliche
Leitbild ist der Wohlhabende und der Einflußreiche. Der blickt auf die
»kleinen Leute«, die sich von ihrer Hände Arbeit mühsam ernähren
müssen, nur verächtlich herab. Wer in solch niedriger Lage ist und
bleibt, kann auch nur eine »niedrige Gesinnung« haben, »demütig«
sein.[31]

3. »Allen stehen alle Wege offen . . .« Sozialer Aufstieg als Weg aus der »Demut«

Lukian, ein Kind kleiner Leute, entflieht seinem Milieu und sucht als
einzelner den ihm möglichen »Weg nach oben«. Er findet ihn in der
Bildung, mit deren Hilfe er, »der jetzt noch arme Schlucker, der Sohn
eines Irgendwer«, Anschluß an die besseren Kreise finden kann. Im
Traum verheißt ihm die Bildung, daß er »geehrt, gelobt und wegen

---

29 Lukian. somnium 9.
30 Ebd. 13. – Für die Verachtung speziell der Bildhauerei durch Oberschichtange-
   hörige vgl. auch Plut. Perikles 2,1: »Kein gut veranlagter Jüngling ist beim Anblick des olympischen Zeus je auf den Wunsch verfallen, ein Phidias zu werden,
   oder beim Anblick der Hera von Argos ein Polyklet.« Den unmittelbar vorangehenden Kontext s.u. S. 27 mit Anm. 53. Derselbe Gedanke findet sich in der
   Fortsetzung der Rede der Bildung in somnium 9: »Selbst wenn du aber ein Phidias oder Polyklet werden und viele bewundernswerte Werke ausführen solltest, wird deine Kunst zwar allgemeinen Beifall finden, niemand aber von den
   Betrachtern dürfte, wenn er Verstand hat, wünschen, deinesgleichen zu werden. Magst du nämlich noch so bedeutend sein, du wirst als elender Handwerker gelten, der von seiner Hände Arbeit lebt.«
31 Durch die Hinzufügung von τὴν γνώμην in somnium 9 wird ταπεινός ausdrücklich als Gesinnung und damit ethisch qualifiziert.

seiner Vorzüge geachtet« sein wird, »selbst von den durch Herkunft
und Reichtum Mächtigen bewundert . . ., mit Amt und Vorsitz ge-
würdigt«.[32] Wendet er sich ihr zu, hat er die Aussicht auf »ein stattli-
ches Äußeres, Ehre, Ruhm, Lob, Privilegien, Einflußmöglichkeiten,
Ämter, Beifall finden aufgrund von Reden und glücklich gepriesen
werden wegen des Verstandes«.[33] Lukian ist diesen Weg gegangen;
und so stellt er sich am Schluß dieser kleinen Schrift als Beispiel hin –
er, der trotz seiner damaligen Armut nicht resignierte, sondern durch
die Bildung »etwas geworden« ist. So hat er seinen Traum erzählt,
»damit die jungen Leute sich zum Besseren wenden und sich an die
Bildung halten, vor allem, falls einer von ihnen aus Armut eine üble
Wahl träfe und sich zum Schlechten neigte, womit er seine nicht uned-
le Veranlagung verderben würde«.[34]

Lukian ist ein Beispiel für die Möglichkeit sozialen Aufstiegs. Die
Gesellschaft der römischen Kaiserzeit hatte eine »Stände-Schichten-
Struktur«, in der die Scheidelinie zwischen Oberschicht und Unterschicht besonders ausgeprägt war; die Herkunft, vor allem sozial,
aber auch geographisch, spielte die entscheidende Rolle.[35] Doch waren
die Grenzen innerhalb der hierarchischen Gesellschaftsstruktur keineswegs hermetisch gegeneinander abgeschottet. In bestimmten Be-
reichen war sozialer Aufstieg relativ verbreitet. So konnte der städti-
sche Hausssklave darauf hoffen, um sein 30. Lebensjahr freigelassen zu
werden.[36] Das nach der Freilassung geborene Kind des Freigelassenen

32 Lukian. somnium 11.
33 Ebd. 13. Nach Plutarch gebrauchte der ältere Cato die Beredsamkeit »gleich-
    sam wie einen zweiten Körper, um das Gute, nicht nur das Notwendige zu er-
    reichen, als Organ für einen Mann, der nicht in Niedrigkeit (ταπεινῶς) und ta-
    tenlos leben will« (Marcus Cato 1,4).
34 Somnium 18.
35 Es sei noch einmal auf Alföldy, Sozialgeschichte 83–138 verwiesen, besonders
    auf die Seiten 93–102.130–138. – Vgl. auch Origenes, Contra Celsum I 29: »Edle
    Abstammung, angesehene und vornehme Eltern, die die Mittel haben, auf die
    Ausbildung ihres Sohnes (!) etwas verwenden zu können, eine große und be-
    rühmte Vaterstadt sind Dinge, die jemanden zu einer hervorragenden Stellung,
    zum Ruhm und zu einem großen Namen bei den Menschen verhelfen.«
36 Als ein Ergebnis seines Aufsatzes über die Freilassung von Sklaven hatte Alföl-
    dy in seiner Sozialgeschichte formuliert: »Der Sklave hatte in der Regel die
    Aussicht, freigelassen zu werden, und erhielt die Freiheit, falls er dieses Alter
    erlebte, spätestens zumeist um sein 30. Lebensjahr« (121). Diese These kann so
    nicht aufrechterhalten werden; nach de Martino ist es »zweifellos überzogen,
    daß der größte Teil der Sklaven die Freiheit erlangt habe« (295). Zur Kritik an
    Alföldy vgl. vor allem Wiedemann passim.

galt bereits als freigeboren.[37] Neben sozialem Abstieg[38] gab es auch
schon vor der Kaiserzeit immer wieder auch Fälle größeren sozialen
Aufstiegs, in der Kaiserzeit jedoch in verstärkter Anzahl.[39] Werden die
innergesellschaftlichen Abgrenzungen von vielen nicht mehr als
selbstverständlich akzeptiert[40], bedarf es allerdings auch der Möglichkeit sozialen Aufstiegs und ihrer – bezogen auf die Gesamtzahl der in
der Unterschicht Lebenden – gelegentlichen Verwirklichung zur Legi-
timation und damit auch Erhaltung der bestehenden Gesellschaftsstruktur.[41] Es kann dann suggeriert werden, daß jeder durch entsprechende Leistung seine Position verbessern könne. So betont Aelius
Aristides, es gebe keine geographischen Barrieren, »um römischer
Bürger zu sein«. »Allen stehen alle Wege offen; keiner ist ein Fremder,
der sich eines Amtes oder einer Vertrauensstellung würdig erzeigt . . .
Alle strömen wie auf einem gemeinsamen Markt zusammen, ein jeder,
um das zu erlangen, was ihm gebührt.«[42] Im Blick auf den militäri-
schen Bereich rühmt Aelius Aristides die Kaiser, daß sie angeworbe-
nen Fremden die Hoffnung gaben, »daß sie es nicht bereuen würden,
wenn sie sich als tüchtige Männer erwiesen; denn nicht Leute aus al-

37 Alföldy, Sozialgeschichte 121.
38 Nach ebd. 135 war sozialer Abstieg »unter den konsolidierten Verhältnissen
   der frühen Kaiserzeit ein seltener Vorgang . . . Massenweise betroffen waren
   davon höchstens die Einwohner der Provinzen in den ersten Generationen
   nach ihrer Unterwerfung, in der Kaiserzeit also immer engere Kreise. Verarmte
   und verschuldete Familien, vor allem auf dem Lande, die z.B. ihre Kinder als
   Sklaven verkaufen mußten, gab es zwar immer, aber breite Bevölkerungs-
   schichten erlebten selten gleichzeitig einen derartigen Abstieg.« Diese Beschreibung ist etwas schönfärberisch: Wenn in der frühen Kaiserzeit die Latifundienwirtschaft expandierte, mußte das ja zwangsläufig auf Kosten kleinerer
   Landbesitzer gehen.
39 Zur sozialen Mobilität in der frühen Kaiserzeit vgl. Theißen 321–324 sowie die
   dort Anm. 6–8.10 genannte Literatur. Theißen stellt zusammenfassend fest: »Es
   gab also begrenzte Aufstiegschancen. Wie oft sie realisiert wurden, ist weniger
   wichtig. Entscheidend ist, daß die Erwartungen der Menschen davon geprägt
   werden konnten, daß jeder in seinem Leben einen Schritt nach oben tun konnte« (321).
40 Vgl. das obengenannte Beispiel Lukians.
41 Vgl. Alföldy, Sozialgeschichte 135: »Immerhin wies das römische Gesell-
   schaftssystem vielfache soziale Aufstiegschancen auf, die man zumindest an-
   streben konnte; diese Elastizität trug zu seiner Stärke und Stabilität wesentlich
   bei.«
42 Aristeid. Romrede 60. Als modernen Nachsprecher solcher Ideologie vgl.
   Pflaum 383f.

tem Adel würden die sein, die stets den ersten Platz einnehmen, und
Leute aus der zweiten Klasse den zweiten Platz, und auch bei den übrigen Rängen werde es nicht so sein, sondern jeder werde den Rang
einnehmen, den er verdiene, da die Tüchtigen hier nicht nach Worten,
sondern nach Taten beurteilt würden«.[43]

Bei aller Unterschiedlichkeit, vor allem verursacht durch die große Bedeutung
der Herkunft, bildet doch die amerikanische Legende »vom Tellerwäscher zum
Millionär« eine moderne Analogie. Auch wenn es solche Karrieren tatsächlich gegeben hat – wie ja auch das kaiserzeitliche Rom erstaunliche Karrieren aufzuweisen
hatte –, sind sie in einem bestimmten Sinn des Wortes »legendär«: Man erzählt von
ihnen als einem einmal wahr gewordenen Traum, der im System festhält und faktisch für die allermeisten eine unerreichbare Möglichkeit bleibt – und bleiben muß:
wie sollte sonst das System Bestand haben? Da es aber die Möglichkeit, wenn auch
noch so eingeschränkt, nun doch gibt, kann die allgemeine Meinung jedem, der
den Aufstieg nicht schafft, das als persönliches Versagen anrechnen und damit ver-
sklavende Strukturen verschleiern.

Aufstiegsbewußtsein war Rom sozusagen von Anfang an eingestif-
tet. Livius erzählt, daß Romulus bei seiner Stadtgründung »nach einem alten Plan von Städtegründern« verfuhr, »die eine unbekannte
und niedrige *(obscuram atque humilem)* Menge um sich scharten«,
und Rom zu einem Asyl machte. »Dorthin floh von den benachbarten
Völkern ein vielfältiger Haufen – ohne Unterschied, ob einer frei oder
Sklave war, begierig auf Neuerungen; und das war der Anfang der er-
strebten kraftvollen Größe.«[44] So gab es in der Geschichte Roms immer wieder den Fall, daß jemand von niedriger Herkunft in eine hohe
bis höchste Stellung aufstieg.[45] Nach Quintilian sind bei der Lobrede
auf einen Menschen zunächst »Vaterland, Eltern und Vorfahren« zu
nennen: »Entweder wird es eine schöne Leistung sein, sich seinem
Adel würdig gezeigt oder aber ein niedrigeres Geschlecht *(humilius
genus)* durch seine eigenen Taten berühmt gemacht zu haben.«[46]

43 Aristeid. Romrede 85.
44 Liv. I 8,5.
45 Es sei hier nur hingewiesen auf den König Servius Tullius, der der Sohn einer
   Sklavin gewesen sein soll (Liv. I 39,3-6; Ov. fast. 6,781-784), und auf den
   Großvater Othos, Sohn eines römischen Ritters und einer »Frau niederen Standes, vielleicht nicht einmal einer Freigeborenen«, der Senator wurde (Sueton,
   Otho 1,1). – Juvenal hält es für schwer, keine Satire zu schreiben, »wenn mit allen Aristokraten es einer an Reichtum aufnimmt, der mir in meiner Jugend den
   Bart abkratzte« (I 24f; vgl. X 225f).
46 Quint. inst. III 7,10.

Ist so sozialer Aufstieg grundsätzlich möglich und glückt es einzelnen, »hochzukommen«, wird Aufstiegsbewußtsein ein verbreitetes gesellschaftliches Phänomen. Gegenüber der »niedrigen Gesinnung«, der »Demut«, wäre demnach eine »hohe Gesinnung« das Bestreben, aus dem Milieu der kleinen Leute herauszukommen, also Aufsteigermentalität.

4. *»Sollen wir sagen, daß das Schicksal . . . niedrig gesinnt macht?« Die innere Freiheit von »Demut« bei sozialem Abstieg*

Stellten die im vorletzten Abschnitt besprochenen Texte einen engen Zusammenhang zwischen niedriger sozialer Stellung und niedriger Gesinnung her, so ist andererseits doch auch die Möglichkeit im Blick, daß ein Hochgestellter niedrig gesinnt sein kann. Er verhält sich dann allerdings so, wie es seinem Stande nicht entspricht, sozusagen »unter Niveau«. Tacitus berichtet von einem Statthalter Britanniens, der bei einer Meuterei »fliehend und sich verbergend der Erbitterung des Heeres auswich« und damit »unrühmlich und niedrig« *(indecorus atque humilis)* handelte.[47] Plinius versichert einem Freund, der als Statthalter nach Achaia geht, er brauche nicht Verachtung zu befürchten, wenn er auf Hochmut und Härte in seiner Amtsführung verzichte: »Verächtlich ist ein Träger des Imperiums, ein Inhaber der Amtsgewalt doch nur, wenn er ein niedriger und schmutziger Charakter *(humilis et sordidus)* ist und sich selbst zuerst verachtet.«[48] An anderer Stelle erzählt Plinius von einer im Senat beschlossenen Ehrung für Pallas, einen Freigelassenen des Kaisers Claudius. Damit habe »man vor aller Augen festgenagelt wissen wollen: Pallas seine Unverschämtheit, der Kaiser seine Schlappheit, der Senat seine Unterwürfigkeit *(humilitas)*.«[49] Der Hochgestellte kann sich selbst »gemein« machen, sogar ein König. Dion Chrysostomos ist allerdings der Ansicht, Zeus lasse einen König verschwinden, der »verschlagen, hinterhältig, niedrig gesinnt (ταπεινός) und überheblich ist«.[50] Bei seiner Übernahme des Konsulats stellt Plinius in der aus diesem Anlaß zu haltenden Lobrede

47 Tac. Agr. 16,4.
48 Plin. epist. VIII 24,6.
49 Ebd. VIII 6,15.
50 Dion Chrys. 2,75f.

auf Trajan diesen Kaiser als optimalen Princeps dar und hält die Män-
gel anderer dagegen: »So mancher glänzte im Krieg, aber im Frieden
verblaßte sein Ruhm; umgekehrt brachte einen anderen die Toga zu
Ehren, nicht aber die Waffen; dieser hat sich Respekt zu schaffen ge-
sucht, aber durch ein Schreckensregiment *(terror)*, jener Zuneigung,
aber durch Selbsterniedrigung *(humilitas)*.«[51] Selbsterniedrigung ist
nicht standesgemäß; und Standesgemäßheit ist in der Ständegesell-
schaft eine der wesentlichen Normen.

Ist es also möglich, daß der Hochgestellte seinem Stand entgegen
sich niedrig verhält, kann andererseits gefragt werden, wie es sich auf
sein Verhalten auswirkt, wenn seine Situation sich verändert, wenn er
sozialen Abstieg erfährt. Dieser Fall wird mehrfach von Plutarch er-
wogen und eindeutig beantwortet. Zunächst sei aber herausgestellt,
daß auch von ihm die Verbindung von niedriger sozialer Stellung und
niedriger Gesinnung festgehalten wird. In einem Zusammenhang, in
dem er ausführt, daß die Bewunderung eines Werkes mit der Verachtung seines Produzenten einhergehen kann[52], schreibt er: »Mit ihrer
auf unnütze Dinge gerichteten Anstrengung stellt die Handarbeit der
kleinen Leute (ἡ αὐτουργία τῶν ταπεινῶν) gegen sich selbst einen
Zeugen dafür auf, daß sie sich um das Gute und Schöne nicht küm-
mert.«[53] Und an anderer Stelle meint er: »Ein schöner Schatz an Frei-
mut ist die edle Abkunft, auf die doch am meisten achten müssen, denen an rechtmäßiger Kindererzeugung liegt. Das Selbstvertrauen derer
aber, die eine vermischte und unechte Abkunft haben, ist von solcher
Art, daß es sich zu Fall bringen und demütigen läßt (ταπεινοῦσθαι).«[54] Damit ist schon deutlich, daß bei Plutarch die Entgegenset-
zungen der Begriffe und die dabei vorgenommenen Wertungen in keiner Weise anders sind als in seiner Tradition. So spricht er von »der
Kühnheit des Lasters«, die, »sobald die Leidenschaft sich wie ein
Sturm gelegt hat, schwächlich und unterwürfig (ἀσθενὴς καὶ ταπει-

---

51 Plin. paneg. 4,5.
52 Als Beispiel nennt er u.a.: »So haben wir Freude an wohlriechenden Salbölen
   und purpurgefärbten Kleidern, aber die Färber und Salbenköche halten wir für
   gemeine und niedrige Handwerker« (Plut. Perikles 1,4).
53 Plut. Perikles 2,1. Es folgt das o. Anm. 30 angeführte Zitat.
54 Plut. mor. 1b.c. Entsprechend spricht Plutarch von Perseus, wenn er ihm
   »Niedrigkeit und Erbärmlichkeit des Charakters« unterstellt und fortfährt, er
   sei kein rechtmäßiges, sondern das untergeschobene Kind einer Näherin gewesen (Aemilius 8,6). Anschließend muß er ihm aber, »obwohl er unadlig und
   niedrig (ταπεινός) war«, doch eine gewisse Tapferkeit einräumen (9,1).

νός) der Angst und dem Aberglauben verfällt«.[55] So stellt er »unbedeutend, ängstlich und niedrig gesinnt/demütig« (ταπεινόφρων) in eine Reihe und faßt sie unter »Gemeinheit« (κακία) zusammen, während er auf die Gegenseite »Mut und Intelligenz« (ἀνδρεία καὶ φρόνησις) setzt.[56] Auf der einen Seite stehen »gemein, feige, niedrig gesinnt/demütig (ταπεινόφρων), unedel und mißgünstig«, auf der anderen »gut, mutig und hochgesinnt«.[57] Als »in jeder Hinsicht unnütz, grund- und sinnlos« gilt es, sich auch noch selbst zu betrüben und zu erniedrigen/demütigen (ταπεινοῦν ἑαυτόν), wenn man schon in unerwünschte Lagen hineingerät.[58] Auch hier ist der freie und besitzende, der starke Bürger im Blick. Ihm kommen Tüchtigkeit und Großmut zu, mit Ängstlichkeit, Feigheit, Gemeinheit und Demut hat er nichts zu tun.

Wenn nun dieser Bürger eine schicksalhafte Verschlechterung seiner Lebensumstände erleidet, dann darf das nicht, betont Plutarch, auch eine Veränderung seiner Gesinnung bedeuten. Hatte Homer festgestellt, daß der freie Mann die Hälfte seiner Tüchtigkeit verliert, sobald er versklavt wird, behauptet Plutarch die Möglichkeit, daß er sie behält. »Sollen wir also sagen, daß das Schicksal klein, ängstlich und niedrig gesinnt/demütig macht? Aber es ist nicht recht, daß sich einer Gemeinheit als Unglück und Mut und Intelligenz als Glück zurechtlegt.«[59] »Denn das Schicksal kann uns ja Krankheit auferlegen, unsere Besitztümer rauben, uns verhaßt machen beim Volk oder Herrscher, aber gemein, feige, niedrig gesinnt/demütig, unedel und mißgünstig kann es den Guten, Mutigen und Hochgesinnten nicht machen noch ihm seine Gesinnung entreißen, deren ständige Gegen-

---

55 Plut. mor. 554f–555a. Vgl. auch 807e von Agesilaos: »äußerst schwächlich und niedrig gesinnt« (ἀσθενέστατος καὶ ταπεινότατος).
56 Plut. mor. 336e.
57 Plut. mor. 475e; vgl. auch die Entgegensetzung von »unbedeutend, unterwürfig (ταπεινός) und unedel« zu »Selbstvertrauen, Freiheitssinn, Ehrgeiz und Freigebigkeit« in 762e; weiter 64e.
58 Plut. mor. 599b. Vgl. auch Diog. Laert. I 93: »Wenn du im Glück lebst, sei nicht hochmütig; wenn du in Mangel gerätst, erniedrige dich nicht! Werde fähig, die Wechselfälle des Schicksals zu ertragen!« Nicht im Sinne einer Intention auf eine egalitäre Gesellschaft hin, sondern auf dem Hintergrund der Erfahrung von sozialem Ab- und Aufstieg, interpretiert als Wechselfälle des Schicksals, ist es zu verstehen, wenn an anderer Stelle von Zeus gesagt wird: »Das Hohe erniedrigt er, das Niedrige erhöht er« (Diog. Laert. I 69; vgl. auch Hes. erg. 3–8). Beide Stellen werden von den Boer angeführt (148); s. zu seinem Aufsatz u. S. 33.
59 Plut. mor. 336e.

wart von größerem Nutzen für das Leben ist als der Steuermann für das Meer.«[60] Auch nach Plutarch kommt also »niedrige Gesinnung«/ »Demut« den kleinen Leuten zu. Er wehrt sich nur dagegen, daß der bessergestellte freie Bürger, wenn er in eine vergleichbare Lage gerät, auch eine entsprechende Gesinnung annehmen muß.

Plutarch gehörte zur griechischen Oberschicht, die unter der römischen Provinzverwaltung nur eine eingeschränkte politische Verantwortung wahrnehmen konnte. Das »Schicksal«, das die Lebensumstände von Angehörigen seiner Klasse verschlechterte, wird oft genug den Namen »Rom« in Gestalt des Prokonsuls getragen haben.[61] Fälle sozialen Abstiegs waren zu seiner Zeit wahrscheinlich sehr viel zahlreicher als in der Welt Homers. Das ist der konkrete soziale und politische Hintergrund dafür, daß er gegenüber »Schicksalsschlägen« die Möglichkeit innerer Freiheit behauptet.

5. ». . . von Natur adlig, hochgesinnt und freigeboren«
Das verinnerlichte Individuum und seine Freiheit von »Demut«

In stoischer Tradition wird nicht nur die innere Freiheit des wohlhabenden Bürgers behauptet, angesichts eines ihn sozial niederdrückenden Schicksalsschlages doch nicht eine niedrige Gesinnung annehmen zu müssen, sondern hier gilt der Mensch überhaupt als ein innerlich freies Wesen, der also auch von »Demut« frei sein kann. Das wird besonders an Ausführungen Senecas und Epiktets deutlich.

Der steinreiche Seneca meint, daß die Tüchtigkeit *(virtus)* »nicht geringer ist, wenn sie aus erhabener Höhe in bescheidene Verhältnisse *(humile)* hinabgeführt wird, in das Privatleben aus dem Königstum, aus dem öffentlichen und weitgespannten Wirkungsbereich in die Enge des Hauses oder gar Winkels eintritt«.[62] Er läßt Sokrates einerseits

---

60 Plut. mor. 475e.
61 Mor. 824e führt Plutarch aus, daß es sich nicht lohnt, in einen politischen Wettstreit einzutreten. »Denn welche Herrschaft, welcher Ruhm wird dem Sieger zuteil? Was für eine Macht, der nicht eine kleine Anordnung des Prokonsuls ein Ende setzen und sie einem anderen übertragen könnte?«
62 Sen. epist. 74,28; vgl. ebd. 30: »Nicht wird zu Boden geschlagen der Weise durch den Verlust der Kinder, nicht durch den der Freunde. Denn mit derselben seelischen Haltung trägt er ihren Tod, mit der er den seinen erwartet; ebensowenig fürchtet er diesen, wie er über jenen Schmerz empfindet.«

den Fall setzen, selbst Triumphator zu sein, und andererseits den, als Beutestück im Triumphzug eines anderen mitgeführt zu werden, und dann fortfahren: »Nicht erniedrigter *(humilior)* werde ich hinter einem fremden Wagen geführt werden, als ich auf meinem eigenen gestanden hatte.«[63] Daher kann die Tüchtigkeit *(virtus)* erblickt werden – ist nur das Sehvermögen der Seele von Behinderungen befreit –, »auch wenn sie von einem Körper verdeckt ist, auch wenn Armut im Wege steht, auch wenn Niedrigkeit *(humilitas)* und Schimpflichkeit im Wege sind«.[64] Die Tüchtigkeit ist nicht an äußerliche Vorgaben gebunden: »Es kann aus einer Hütte ein bedeutender Mann hervorgehen, ebenso auch aus einem entstellten und unansehlichen *(humilis)* Körper eine wohlgestaltete und bedeutende Seele. Manche Menschen scheint mir daher die Natur zu dem Zweck hervorgebracht zu haben, um zu beweisen, die Tüchtigkeit könne überall entstehen.«[65]

Von einer höheren Warte aus relativiert Seneca, was in der Welt imponiert. Der zum Weltbürger gewordene Weise, damit gleichsam in den Himmel versetzt, »erkennt, als er einen Beamtensessel oder eine Richtertribüne bestiegen, welchen niedrigen *(humilis)* Platz er eingenommen hatte«.[66] Innerweltlich erfolgt eine Relativierung vom Schicksal her, dem alle unterworfen seien. Spätestens jetzt wird mit Händen greifbar, daß so nur ein Reicher reden kann, der sich offenbar des blanken Zynismus, der hier zutage tritt, gar nicht bewußt ist: »Alle sind wir mit dem Schicksal zusammengebunden. Bei den einen ist golden die Kette und locker, bei den anderen hart und schmutzig. Aber was kommt es darauf an? Dieselbe Haft hält alle Menschen gefangen … Den einen fesseln ehrenvolle Ämter, den anderen Reichtum; manche bedrückt ihre hohe, andere ihre niedrige Herkunft *(hu-*

---

63 Sen. de vita beata 25,4. Die Fortsetzung räumt ein: »Zu siegen ziehe ich dennoch vor, als gefangen zu werden.«
64 Sen. epist. 115,6. In 7 wird das Gegenteil dargestellt, das Erblicken von Schlechtigkeit trotz des blendenden Glanzes, der von Reichtum, Ämtern und Macht ausgeht. Vgl. auch Dion Chrys. 15,29: »Wir werden zugeben müssen, daß ein großer Teil der sogenannten Sklaven wie freie Menschen, ein großer Teil der Freigeborenen ganz wie Sklaven gesinnt ist« sowie den weiteren Kontext bis 32.
65 Sen. epist. 66,3.
66 Sen. epist. 68,2. Vgl. auch ad Marciam de consolatione 26,4, wo der tote Vater von der »Himmelswarte« her (26,1) feststellt, »daß bei euch nichts – wie ihr meint – wünschenswert ist, nichts erhaben, nichts glänzend, sondern alles niedrig *(humilia)* und schwer und eng und nur einen kleinen Teil unseres Lichtes sehend«.

militas) . . .« Summa: »Das ganze Leben ist Sklaverei.«[67] Daraus ergibt
sich die Konsequenz, daß »sich jeder an seine Situation gewöhnen
muß«[68]; und das heißt dann auch: »Armut ist für niemanden etwas
Schlimmes, wenn man sich ihr nicht widersetzt.«[69] Seneca ist nicht
arm; und er weiß das zu schätzen. Zwar sind »die wahren Güter jene,
die die Vernunft gibt«; die übrigen haben damit nur den Namen gemeinsam, aber sind doch »Annehmlichkeiten« und »Dinge« – hat
man die Wahl –, »denen der Vorzug zu geben ist«, auch wenn sie »zu
dem Unwichtigen und Niedrigen *(humilia)* gerechnet werden sollen«.[70]

Für den ehemaligen Sklaven Epiktet ist jeder Mensch ein »ver-
nunftbegabtes Lebewesen« (λογικὸν ζῷον). Als solches ist jeder
Mensch »von Natur adlig, hochgesinnt und freigeboren«.[71] Der durch
die Vernunftbegabung definierte Mensch ist in seinem Wesen nicht
durch seine sozialen Verhältnisse festgelegt. Epiktet löst daher die
ethischen Begriffe seiner Tradition, die dort an soziale Stellungen gebunden waren, aus dieser sozialen Verhaftung völlig heraus und verin-
nerlicht sie. Das eigentliche Menschsein wird auf den Bereich derjenigen Dinge beschränkt, die das einzelne Individuum, in welcher Situation es sich auch immer befinde, selbst in der Hand hat, die frei wähl-
bar sind, in denen es unabhängig ist. Wenn es sich daran hält, »wird es
frei sein, glücklich, selig, unverletzlich, hochgesinnt, fromm, dankbar
gegenüber Gott für alles, niemals irgend etwas von den gewordenen
Dingen tadelnd, nichts anklagend«. Andernfalls »ist es notwendig,
daß es gehindert und gehemmt wird, daß es als Sklave denen dient, die
Macht über jene Dinge haben, die es bewundert und fürchtet, ist es
notwendig, daß es gottlos ist, da es ja meint, von Gott Schaden zu erleiden, und daß es ungerecht ist, weil es immer mehr für sich erwirbt,
ist es auch notwendig, daß es niedrig gesinnt (ταπεινόν) und gemein
ist«.[72] Als Dinge, die der Mensch selbst in der Hand hat, nennt Epiktet, »sich recht zu verhalten im Urteilen, im Meinen, im Wollen, im

---

67 Sen. de tranquillitate animi 10,3. Befreiung gibt es für alle erst durch den Tod;
    »er ist es, bei dem niemand die Niedrigkeit seines Standes *(humilitas)* empfin-
    det« (ad Marciam de consolatione 20,2).
68 Sen. de tranquillitate animi 10,4.
69 Sen. epist. 123,16.
70 Sen. epist. 74,16f.
71 Epikt. dissertationes IV 7,7f.
72 Ebd. 9–11.

Verlangen, im Vermeiden«. Wenn sich ein Mensch daran hält, »wo ist dann noch Raum für Schmeichelei, für niedrige Gesinnung/Demut (ταπεινοφροσύνη)?«[73] Was außerhalb der hier genannten Dinge liegt, ist irrelevant. Das ist der Preis, den Epiktet dafür zahlt, daß er das Wertesystem einer ständischen Gesellschaft übernimmt und für alle in gleicher Weise gültig sein lassen will. So muß er die konkreten Menschen ihrer sozialen Bestimmtheiten entkleiden, um *den* Menschen zu gewinnen, ein abstraktes theoretisches Konstrukt. Nur für das völlig verinnerlichte Individuum, das von nichts betroffen gemacht wird, was außerhalb der genannten Dinge liegt, kann er die übernommenen Werte behaupten.

Exkurs: Positiver Gebrauch von »Demut«

An einigen wenigen Stellen der antiken Literatur wird »Demut« positiv gebraucht. Einen Zusammenhang bildet dabei das Verhalten gegenüber der Gottheit. Bei der Behandlung des Problems, daß die Strafen der Gottheit den Übeltäter oft erst sehr verzögert treffen, läßt Plutarch einen Gesprächspartner einen Vergleich mit der Dressur eines Pferdes anführen, das nur lerne, wenn es auf einen Fehltritt hin sogleich den strafenden Schlag zu spüren bekomme. Er fährt dann fort: »Ebenso steht es mit der Schlechtigkeit: bekommt sie für jeden Fehltritt und Verstoß zur Strafe gleich Stockschläge, dann dürfte sie, so schwer es ihr fällt, einsichtig, demütig (ταπεινή) und furchtsam gegenüber Gott werden als dem, der das menschliche Tun und Leiden überwacht und das Recht nicht später einfordert, als es fällig wird.«[74] Nur in diesem Kontext der Bestrafung des Übeltäters, dem ein Unrechtsbewußtsein vermittelt werden soll, erhalten Demut und Furcht einen positiven Sinn.[75] Daß damit die Demut nicht grundsätzlich posi-

---

73 Ebd. III 24,56. Vgl. auch I 3,4: »Alle diejenigen, die meinen, zur Treue, zur Zucht und zur Sicherheit im Gebrauch der Vorstellungen geboren zu sein, denken in nichts niedrig (ταπεινόν) und unedel von sich selbst« sowie IV 1,1–5; Cic. Tusc. V 29f; M. Aur. IX 40,5: »Ist es denn nicht besser, in Freiheit von dem, was in deiner Gewalt steht, Gebrauch zu machen, als in Sklaverei und Niedrigkeit (ταπεινότης) umgetrieben zu werden in Hinsicht auf das, was nicht in deiner Gewalt steht?«

74 Plut. mor. 549d.

75 Vgl. zu dieser Stelle auch Grundmann 3,38–42 mit Anm. 4 gegen Rehrl.

tiv gewertet wird, zeigt sich daran, wenn es etwas früher im Text heißt, daß ausbleibende Vergeltung »den Unrechtleidenden resignieren läßt und niedergedrückt macht« (ἀσθενῆ . . . ταῖς ἐλπίσιν ποιεῖ καὶ ταπεινὸν τὸν ἀδικούμενον).[76] Statius spricht an einer Stelle davon, die Götter umzustimmen »durch demütiges *(humilis)* Bitten«.[77] Properz beginnt eine Elegie mit der Zeile: »Bacchus, jetzt beugen wir uns vor deinem Altare in Demut *(humiles)*«[78] – und denkt dabei an das Trinken von Wein.

Sodann ist »Demut« positiv gebraucht, wenn sie die von Dünkel und Ruhmsucht freie, bewußt vollzogene Bescheidenheit der Lebensführung beschreiben soll. So spricht Dion Chrysostomos von dem »Mann, der edel, besonnen und gemäßigt ist«, der nicht nach Reichtum und Ruhm giert: »Er wird möglichst schlicht und ohne Dünkel durch das Leben gehen, bescheiden (ταπεινός) und vor sich selbst und dem eigenen Bewußtsein gemäßigt«.[79] In solcher Weise spricht Properz von seinem Gönner Maecenas: »Du verzichtest und ziehst dich bescheiden *(humilis)* zurück in spärliche Schatten.«[80]

In dieser Gegenüberstellung zum Hochmut kann sogar Königen »Demut« als positive Eigenschaft zugeschrieben werden. So heißt es in Xenophons Agesilaos von diesem König, er sei nicht hybrid gewesen, »hat er doch die übermäßig Stolzen verachtet und war bescheidener (ταπεινότερος) als die gewöhnlichen Leute«, für sich selbst bedürfnislos und großzügig gegenüber Fremden.[81] Die Historia Augusta weiß über Julian: »Auch Dünkel warf man ihm vor, wiewohl er auch im Besitze der Herrschaft sich sehr bescheiden *(humillimus)* gezeigt hatte.«[82]

---

76 Plut. mor. 548e.
77 Stat. Achilleis 1,144. In diesem Zusammenhang kann auch Verg. Aen. 12,930 angeführt werden, wo der geschlagene Turnus gegenüber Aeneas »demütig *(humilis)* flehenden Blick erhebt und die rechte Hand zur Bitte«.
78 Prop. III 17,1.
79 Dion Chrys. 77/78,26.
80 Prop. III 9,29.
81 Xen. Agesilaos 11,11.
82 Historia Augusta, Julian 9,1. Den Boer zitiert beide Stellen (144f) und will diesen Gebrauch *in bonam partem* für eine Revision der allgemeinen Meinung ins Feld führen, die Begriffe ταπεινός und *humilis* würden in paganer Literatur nur *in malam partem* verwandt (145). Das »Nur« ist gewiß zu revidieren, aber das Gesamtbild kann der gelegentlich positive Gebrauch nicht grundlegend verändern.

Schließlich empfiehlt Properz »Demut« gegenüber der Geliebten, um besser zum Ziel zu kommen: »Doch je bescheidener *(humilis)* du bist und unterwürfig dem Amor, um so mehr hast du dann oft den gewünschten Erfolg.«[83]

83 Prop. I 10,27f.

»... der Gedemütigten Gott bist Du«
Die Parteilichkeit Gottes in alttestamentlich-jüdischer Tradition

Ganz anders als im griechischen und römischen Bereich wird über »Demut« im Alten Testament und im Judentum gesprochen. Ein Zusammenhang mit der sozialen Wirklichkeit ist auch hier gesehen, aber die Perspektive der Wahrnehmung ist völlig verändert. Wird in griechischen und lateinischen Texten von oben auf die kleinen Leute herabgeblickt, so daß sie als »niedrig, gemein, unterwürfig, demütig« erscheinen, so sprechen alttestamentliche Texte aus dem Blickwinkel dieser kleinen Leute und ergreifen Partei für diejenigen, die der Erniedrigung und Demütigung ausgesetzt sind. Gibt es im griechischen Bereich eine Tendenz, den negativ besetzten Begriff aus seiner sozialen Verhaftung zu lösen, damit der vom sozialen Abstieg Betroffene nicht notwendig mit ihm in Verbindung gebracht werden muß, ja prinzipiell jeder Mensch davon frei sein kann, so findet sich im alttestamentlich-jüdischen Bereich eine entsprechende Tendenz, die es erlaubt, den positiv besetzten Begriff auch den Reichen zuzusprechen.

1. »Sie treten in den Staub das Haupt der Verelendeten ...«
Armut als Demütigung

a) Wie in griechischen und lateinischen Texten »Demut« die soziale Stellung als niedrig charakterisieren kann, so vermögen das auch in der Hebräischen Bibel entsprechende Begriffe, die in der Septuaginta mit Bildungen vom Stamm ταπεινο- übersetzt werden. In Am 2,6f führt der Prophet als Gottesspruch an: »Wegen dreier Frevel Israels und wegen vierer nehme ich es nicht zurück (sc. das beschlossene Gerichtshandeln), weil sie den Gerechten wegen Geldschulden verkaufen und den Armen (אֶבְיוֹן/πένης) wegen[1] eines Paars Sandalen. Sie treten in den Staub das Haupt der Elenden (דַּלִּים/πτωχοί) und beugen den Weg der Niedrigen/Demütigen (עֲנָוִים/ταπεινοί).« Was für Verhältnisse sind hier vorausgesetzt, und welche Vorgänge sind gemeint? Amos tritt im Nordreich Israel zur Zeit Jerobeams II. (787–747 v.Chr.) auf[2], der durch kriegerische Erfolge die Grenzen der Nordhälfte des davidisch-salomonischen Reiches ungefähr wiederherstellen konnte.[3] Der Sicherheit vor äußeren Feinden entspricht nach innen eine sogenannte wirtschaftliche Blütezeit[4], die einen kräftigen »sozialen Umbruch« bewirkt.[5]

Nutznießer der wirtschaftlichen Entwicklung ist die in der Stadt lebende Oberschicht.[6] Das Luxusleben der Reichen wird von Amos

---

1 Zur Übersetzung mit »wegen« vgl. Lang, Sklaven 482f; Kippenberg, Entlassung 81.

2 Zu einer genaueren zeitlichen Ansetzung der »auf höchstens ein Jahr als Dauer« anzunehmenden prophetischen Tätigkeit des Amos zwischen der Mitte der Regierungszeit Jerobeams II. und spätestens 760 vgl. W. Schottroff 39f.

3 Nach W. Schottroff ist die Bedingung dafür nicht das Aufkommen Assyriens im Osten, das sich erst wieder unter Tiglatpileser I. (745 v.Chr.) expansiv betätigte, zur Zeit Jerobeams aber selbst bedroht war durch die neue Großmacht im Norden, Urartu. »Die Schwäche Assyriens ließ im syrischen Raum aber neu Rivalitäten zwischen den Aramäerstaaten entstehen, die die territoriale Restitution Israels offenbar stärker begünstigt haben als die vorausgehenden Syrienfeldzüge der Assyrerkönige« (48).

4 Herrmann erwähnt »das vielfach nachgesprochene Urteil, daß in der Zeit der Könige Jerobeam II. von Israel und Asarja (Ussia) von Juda eine Entspannung der Lage eingetreten sei, die Israel eine Art ›Spätblüte‹ vor dem Einbruch der Assyrer unter Tiglatpileser III. bescherte. Dieser Meinung ist in neuerer Zeit widersprochen worden« (292).

5 Wolff spricht von einer »wirtschaftlichen Hochkonjunktur« und nennt als ihre »Kehrseite« den »sozialen Umbruch. Reiche werden reicher, und Arme werden ärmer. Solcher Frühkapitalismus enteignet schnell die kleineren Grundbesitzer« (106). Zur wirtschaftlichen und sozialen Entwicklung vgl. auch Fendler 34f. Für die Zeit Jerobeams II. stellt sie abschließend fest: »In dieser Zeit wurde die traditionale Sozialstruktur in einem solchen Maße unterhöhlt, daß die Diskrepanz zwischen traditionalem Selbstverständnis und veränderter gesellschaftlicher Praxis ein Krisenbewußtsein hervorbrachte, das seinen zeitgenössischen Ausdruck in der ganzen Verkündigung des Amos gefunden hat« (35). – Herrmann faßt die Zeit der Jehu-Dynastie in wirtschaftlicher Hinsicht so zusammen: »Die urtümlich kleinbäuerliche Wirtschaftsordnung wurde überlagert von einem wachsenden Großgrundbesitz, von einer Latifundienwirtschaft, die mit königlicher Unterstützung sich ausbreitet« (299).

6 Vgl. W. Schottroff 49f.

deutlich herausgestellt: Sie besitzen Winterhaus und Sommerhaus
(3,15a), in moderner und kostspieliger Quadertechnik gebaut (5,11),
mit Elfenbein geschmückt (3,15b) und feinem Interieur ausgestattet
(3,12b; 6,4a); und sie verstehen sich auf eine ausgesprochen kultivierte
Lebensweise mit erlesenen Speisen (6,4b) und reichlich Wein (6,6a),
mit Musik und Gesang (6,5) sowie Körperpflege (6,6b).[7]

Auf der anderen Seite steht sozialer Abstieg: Kleinbauern geraten
in immer drückendere Abhängigkeit.[8] Sind sie gezwungen, wegen
»häufigerer Ernteausfälle« oder wegen »Krankheit, Bezahlung des
Brautpreises und dergleichen« Kredit aufzunehmen[9], werden sie über
kurz oder lang Pächter, die Abgaben zu entrichten haben (2,8; 5,11).[10]
Wachsen dem Pächter die Schulden über den Kopf, bleibt nur noch
der Schritt in die Schuldknechtschaft. In 8,5f läßt Amos reiche Korn-
händler sagen: »Wann ist denn der Neumond vorbei, daß wir Getreide
verkaufen, und der Sabbat, daß wir Korn anbieten und das Maß ver-
ringern und den Preis steigern und die Gewichte fälschen, damit wir
die Elenden wegen Geld(schulden) und den Armen wegen eines Paars
Sandalen kaufen; auch den Abfall des Getreides wollen wir verkaufen.« Die zunächst rätselhafte Nennung der Sandalen, die oft im Sinne
der Geringfügigkeit der Schuld gedeutet werden[11], erklärt sich am besten, wenn »die übertragene Bedeutung ›Vertrag‹ . . . hier bei Amos
näherhin die Nuance ›Schuldvertrag‹« angenommen wird.[12] Die Reichen »kaufen« die Armen, indem sie diese durch bewußte Manipula-
tionen in Schuldknechtschaft und damit vollständig in ihre Abhängigkeit bringen.[13] Demgegenüber bedeutet der anfangs zitierte Text 2,6

---

7 Vgl. Lang, Prophetie 60–62; W. Schottroff 50f.
8 Vgl. Koch 243.
9 Lang, Prophetie 55.
10 »Je nach Höhe der Schulden . . . konnten die Schuldner durch regelmäßige
   Pfandeintreibungen schnell zu ›Pächtern‹ auf eigenem Boden werden, die mehr
   für andere als für sich arbeiteten« (Fendler 36); vgl. Lang, Prophetie 62f.
11 »Als Grund und Zweck des Verkaufs . . . wird die Beitreibung von geschuldetem
   Silber(geld) oder auch nur eines (gestohlenen?, geliehenen, aber verlorenen?)
   Paares Sandalen genannt« (Wolff 200); vgl. Fendler 49.
12 Lang, Sklaven 483; ders., Prophetie 63.
13 »Äußerlich betrachtet, kaufen die Armen beim Händler Getreide, aber in
   Wirklichkeit kauft der Händler seine Kunden, d.h. bringt sie in seine Abhängigkeit und Gewalt, so daß sie zu Dauerschuldnern werden . . . Die Armen können
   die als Lebensmittel oder Saatgut erworbene Ware nicht bezahlen, werden
   Schuldner und Zinsschuldner und landen schließlich in jener sklavenartigen
   Abhängigkeit, die für das rentenkapitalistische System kennzeichnend ist«

noch eine weitere Steigerung, wenn dort vom Verkauf des Gerechten und Armen gesprochen wird, womit wahrscheinlich der Verkauf als Sklave ins Ausland gemeint ist, der jeden Weg zurück verstellt.[14]

Auch wenn das Recht heimlich manipuliert wird[15], so erfolgt das Handeln der Reichen doch formal im Rahmen des geltenden Rechts.[16] Diejenigen, die aus freien Bauern zu Pächtern und Schuldknechten bis hin zu im Ausland verkauften Sklaven werden, sind »nicht schuldlos, sondern schulden durchaus eine Fülle von Abgaben«.[17]

In dem wahrscheinlich in sehr viel spätere Zeit gehörenden Text Jes 29,20f[18] stehen parallel zum Gewalttäter (עָרִיץ/ἄνομος) und Übermütigen (לֵץ/ὑπερήφανος) solche, »die auf Frevel lauern, die bei einem Rechtsfall Menschen schuldig erklären, die dem, der im Tor Recht schafft, Schlingen legen und den Gerechten mit inhaltlosen Behauptungen gewaltsam verdrängen«. Die hier ins Auge gefaßten Personen versuchen also, durch Bestechung, Einschüchterung, Erpressung, Verfahrenstricks und bewußte Falschaussagen das Recht für sich und ihre Interessen zu funktionalisieren. Es handelt sich daher um Leute, die »vornehmlich in Kreisen zu suchen sind, die politischen und ökonomischen Druck ausüben können«.[19] Hat solches Vorgehen Erfolg, produziert es außer dem Gewinn für seine Betreiber auf der an-

---

(Lang, Prophetie 63f). Vgl. zur Schuldknechtschaft auch Kippenberg passim, besonders 81: »Ebenso wie in anderen antiken Gesellschaften war das Schuldrecht in Israel das bevorzugte Instrument der Reichen, um sich Güter und Menschen gewaltsam anzueignen«; und 86: »Das Mißverhältnis zwischen dem aufgenommenen Darlehen und den Folgen für den säumigen Schuldner war notorisch. Es bestand vom System des Schuldrechtes her keine Äquivalenz zwischen dem Wert eines Darlehens, das einem armen Bauern zur Überbrückung bis zur nächsten Ernte gegeben wurde, und den Jahren der Knechtschaft, die im Falle einer Insolvenz folgten.« Vgl. weiter Fendler 38–40. – Mit der Aussage in 2,7 (»Sohn und Vater gehen zu demselben Mädchen«) ist »eine Schuldsklavin gemeint . . ., die zum Haus, zur Familie, gehört und sowohl dem pater familias als auch dessen Sohn sexuell dienstbar gemacht wird« (Fendler 42); vgl. auch Rudolph 142f.

14 Lang, Sklaven 484–486; ders., Prophetie 64f.

15 Vgl. die eben zitierte Stelle 8,5 sowie 5,12 und dazu Fendler 43f; W. Schottroff 52f.

16 »Aufregend, daß Amos . . . nicht selten die kritisiert, die das formale Recht auf ihrer Seite haben!« (Ebach, Arme 143). »Die alten Gesetze, die im Kern eine Gesellschaft freier Bauern in der Struktur ihrer Familien und Sippen voraussetzen, greifen nicht mehr. Nicht gegen, sondern weithin mit den Gesetzen gelingt es den Mächtigen, die Sozialordnung noch mehr zu ihren Gunsten zu verändern. Gesetze, die Gleichheit voraussetzen, führen bei schon bestehender Ungleichheit zu ihrer Vergrößerung« (ebd. 150).

17 Koch 244.

18 Zur Datierung s. die Diskussion bei Wildberger 1137f.

19 Wildberger 1142.

deren Seite die vorher in Jes 29,19 genannten Niedrigen/Demütigen (עֲנָוִים/
πτωχοί) und Armen (אֶבְיוֹנִים/ἀπηλπισμένοι), denen jedoch Gottes Verheißung
gilt.

Von Amos wird nun mit aller wünschenswerten Klarheit herausgestellt, daß der Reichtum der einen, ihr verschwenderisches und genuß-
freudiges Leben, auf der Ausbeutung und damit der Not und dem
Elend der anderen beruht (2,8; 4,1; 8,5f).[20] Was die Reichen, sehr ge-
schickt und sehr zielgerichtet, tun, ist nichts anderes als Klassenkampf
von oben.[21] Ihr wirtschaftliches Handeln, mit dem sie ihren Reichtum
vergrößern wollen und auch tatsächlich reicher werden, verschärft die
sozialen Gegensätze im Volk und macht andere ärmer. Wenn Amos in
solchem Kontext, den er sehr scharf wahrnimmt, von »Armen«

---

20 Fendler schreibt über die von Amos in 4,1 mit fetten Kühen verglichenen Da-
    men Samarias und ihr Luxusleben: »Sie sind es so gewohnt, wie das edle Vieh
    die hervorragende Pflege gewohnt ist, und wie dieses interessiert sie auch nur
    der gepflegte Konsum selbst, nicht aber, wie er ermöglicht wird. Darauf kommt
    es Amos aber gerade an« (47).
21 Wenn Fabry kategorisch feststellt: »Klassenkampf ist im AT nicht nachzuwei-
    sen« (231), ist das nur eine auf ideologischer Voreingenommenheit beruhende
    Behauptung. Einige Seiten später nennt er selbst Aspekte des Klassenkampfes
    von oben, wenn er als »Hintergrund« für die Prophetie des Amos anführt: »ein
    unsoziales Expansionsstreben der Großgrundbesitzer, der Verwalter königli-
    cher Domänen . . . eine gewisse Systematik im Vorgehen gegen die Kleinbau-
    ern: unverschämte Abgabenforderungen (5,11) – Abwehr juristischer Einkla-
    gen und Regreßansprüche durch Bestechung der Richter und eigene Rechtsver-
    drehung . . . – schließlich Aufkauf der so Ausgebeuteten in die Schuldknecht-
    schaft« (236). – Für die Beschreibung der Situation des Amos folge ich vor al-
    lem Lang, Prophetie 59–66, und Koch 242–245, die ein antagonistisches Ge-
    genüber von stadtsässiger Oberschicht und landsässigen Kleinbauern voraus-
    setzen. Das scheint mir den Texten besser zu entsprechen als das von Fendler
    entworfene Gesellschaftsbild (49–52). Sie nimmt Mittelschichten an, die einer-
    seits dem Druck von oben ausgesetzt sind, ihn aber andererseits nach unten
    weitergeben. »Diese in den Mittelschichten auftretende Ambivalenz verbietet
    es, überhaupt einlinig von Ausbeuter- und Ausgebeutetenschichten zu spre-
    chen« (52). Doch ihre These, daß nach 2,6 »Schuldner und Gläubiger in relativ
    bescheidenen Verhältnissen leben«, beruht auf dem wörtlichen Verständnis von
    »Sandalen« als »Erwähnung der Geringfügigkeit der Schuld« (49). Und daß in
    2,8 im selben Satz die Gläubiger einmal relativ arm und dann »wohlhabend
    oder gar reich« sein sollen (49f), ist ganz unwahrscheinlich. Differenzierungen
    und Übergänge sind natürlich nicht ausgeschlossen, aber die Gesellschaft prä-
    gend ist der grundsätzliche Gegensatz zwischen stadtsässiger Oberschicht und
    landsässigen Kleinbauern.

spricht, dann muß der verwendete Begriff präziser mit »Verarmte« übersetzt werden, um deutlich zu machen, daß er nicht statische Gegebenheiten beschreibt, sondern das Ergebnis eines von Menschen initiierten und betriebenen Prozesses. Der anfangs zitierte Text Am 2,6f ist also genauer zu übersetzen: »Wegen dreier Frevel Israels und wegen vierer nehme ich es nicht zurück, weil sie den Gerechten wegen Geld(schulden) verkaufen und den Verarmten wegen eines Paars Sandalen. Sie treten in den Staub das Haupt der Verelendeten und beugen den Weg der Erniedrigten/Gedemütigten.«[22]

Wo hat Amos in diesem Gegenüber seinen Ort? Die Angaben über seinen Beruf in 1,1; 7,14f lassen keinen sicheren Schluß auf seine eigene soziale Stellung zu. Danach war er Hirte von Schafen und Ziegen, vielleicht Züchter und auch Besitzer; und er war »Maulbeerfeigenritzer«. Was immer darunter genauer zu verstehen ist, diesen Beruf kann er nicht in Tekoa, das als sein Ort angegeben wird, ausgeübt haben, da Sykomoren nicht »auf dem judäischen Bergland, wohl aber in noch erreichbarer Entfernung in den Niederungen des Jordangrabens und in der Küstenebene am Mittelmeer gedeihen«.[23] In dieser Eigenschaft ist er also im Land herumgekommen. Er gehört nicht selbst zu den von unmittelbarer Ausbeutung Betroffenen und kann es sich offenbar leisten, als »freier Prophet« aufzutreten, der es weit von sich weist, ein Berufs- oder Genossenschaftsprophet zu sein, und statt dessen seinen Beruf betont (7,14).[24] Andererseits entstammt Amos gewiß auch nicht der stadtsässigen Oberschicht, die er anklagt.[25] Er kommt aus Tekoa, also einem kleinen Ort[26], und nimmt die Wirklichkeit vom Land her

---

22 Vgl. auch W. Schottroff 52, der von »Verarmung und Verelendung weiter Schichten des Volkes« als »Preis« für den Reichtum auf der anderen Seite spricht.

23 W. Schottroff 41; vgl. dort den ganzen Abschnitt über den Beruf des Amos.

24 Die Argumentation des Amos an dieser Stelle ist so zu verstehen, »daß er das Nabitum (sc. Prophetentum) nicht um des Unterhalts willen nötig habe, weil er ein ausreichendes Einkommen besitze« (Rudolph 256).

25 Gegen Lang, Prophetie 66, der Amos ohne jeden Umschweif »Grundbesitzer« sein und ihn »der grundbesitzenden Oberschicht« angehören läßt; vgl. auch S. 70. An anderer Stelle spricht er von ihm als »reichem Herdenbesitzer« (Prophet 40).

26 Das gilt auch dann, wenn man nicht wie üblich an das judäische Tekoa nahe Bethlehem denkt, sondern »an ein nachbiblisch bezeugtes galiläisches Tekoa«, wohin Lang Amos verlegt wegen der dort gegebenen Möglichkeit, Sykomoren zu züchten (Prophetie 66).

wahr.[27] So bekommt er die Schäden der gesellschaftlichen Entwicklung zu Gesicht und verurteilt den städtischen Reichtum als schlimmen Luxus, der auf Ausbeutung beruht. Welche gesellschaftliche Herkunft und Stellung Amos auch immer gehabt haben mag, er spricht jedenfalls im Interesse der in den Verelendungsprozeß Hineingedrängten[28] und wendet sich in scharfer Analyse, Anklage und Drohung an diejenigen, die diesen Prozeß initiiert haben und weiter vorantreiben.

Das Besondere ist nun aber, daß Amos das, was er zu sagen hat, nicht als eigenes Reden ausgibt, sondern als Reden Gottes. Ihn läßt er aufdecken, anklagen und drohen. So kommt in der prophetischen Sozialkritik sofort und von vornherein Gott ins Spiel. Die Verhältnisse sind offenbar so himmelschreiend, daß Änderung nur durch himmlische Intervention zu erhoffen ist. Gott erscheint so unzweideutig als Gegner der reichen Oberschicht und als Anwalt der Verarmten und Gedemütigten.

Diese Parteilichkeit Gottes bringt sehr schön ein wesentlich jüngerer Text zum Ausdruck. Im Gebet der Judit heißt es in Jdt 9,11: »Denn nicht auf großer Zahl ruht Deine Macht, noch Deine Herrschaft auf starken Männern, sondern der Erniedrigten/Gedemütigten (ταπεινοί) Gott bist Du, der kleinen Leute (ἐλάττονοι) Helfer bist Du, der Beistand der Schwachen (ἀσθενοῦντες), der Verachteten (ἀπεγνωσμένοι) Beschützer, der Verzweifelten (ἀπηλπισμένοι) Retter.«[29]

Was ist der Rechtsgrund für dieses parteiliche Reden Gottes? Wieso spricht er bei Amos in dieser Weise? Als wer ist Gott hier verstanden? Er ist Gott, der Israel aus Ägypten geführt (2,10; 3,1; 9,7) und in der Wüste geleitet hat (2,10). Er hat den Amoriter vertilgt, einen Großen und Starken, damit das schwache Israel Lebensraum habe (2,9f). Der Hinweis auf die Schwäche Jakobs läßt Gott zweimal schon be-

---

27 Erwägenswert scheint mir zu sein, sich den »Schafzüchter« und »Maulbeerfeigenritzer« Amos als einen »Spezialisten« vorzustellen, der als solcher im wesentlichen auf dem Lande lebt und herumkommt, aber auch Zugang zu den Reichen hat.

28 Diese Parteinahme ist nicht nur Schein; gegen Fendler 53.

29 Vgl. weiter Jes 41,17: »Die Verelendeten und Verarmten (הָעֲנִיִּים וְהָאֶבְיוֹנִים/οἱ πτωχοὶ καὶ οἱ ἐνδεεῖς) suchen Wasser, und es ist keins da, ihre Zunge verdorrt vor Durst. Ich, Jahwe, will sie erhören, ich, der Gott Israels, will sie nicht verlassen.«

schlossenes Gerichtshandeln bereuen (7,1–6).[30] Als Schöpfer und Lenker des Alls ist Gott zugleich derjenige, der dem Starken und der festen Stadt Verderben bringt (5,8f). Wegen der Machenschaften der Reichen müßte die Erde erbeben (8,8); und Gott läßt sie erbeben (9,5f). Weil Gott von allen Völkern allein Israel »erkannt« hat, wird er auch seine Frevel heimsuchen (3,2). Die Erwählung Israels verlangt offenbar innerhalb des Volkes Solidarität. Klassenbildung widerspricht der Erwählung. Im Luxusleben der Reichen manifestiert sich »das Zerbrechen Josefs« (6,4–6).

Amos sagt dem Luxusleben die Vernichtung an (3,15; 4,2f; 5,11; 6,7.11) und stellt der reichen Oberschicht in Aussicht, daß sie die Erfahrungen der jetzt von ihr Unterdrückten machen wird (2,14–16). Seine ausdrücklichen Zielangaben formulieren nichts als radikale Kritik des Bestehenden, d.h. des Gegenübers der reichen Städte und des von ihnen ausgesaugten Landes. Das Gericht betrifft die Städte.[31] Kommt dann nicht aber doch implizit als positives Ziel die tendenziell egalitäre Gesellschaft des ausbeutungsfreien Landes in den Blick?[32]

In 2,6 und 5,12 steht parallel zu Begriffen, die den sozial Niedergedrückten bezeichnen, »der Gerechte«. »Recht und Gerechtigkeit« (5,7.24; 6,12) sind das genaue Gegenteil dessen, was die reiche Oberschicht tut; das »Gerade«, das unmittelbar Anstehende und Nötige und also Rechte ist Gewalttat und Bedrückung entgegengesetzt (3,10). Der Verarmte und Verelendete wäre also insofern zugleich »der Gerechte«, als er die gewalttätigen Mittel der Mächtigen nicht nur nicht anwenden kann, sondern sie auch nicht erstrebt, weil er deren Ziel nicht hat, das Reicherwerden auf Kosten anderer. Hier deutet sich an,

---

30 Nach W. Schottroff ist es eine »Grunderfahrung« Israels, »daß Jahwe das Große ... und Starke (... Am 2,9a) verachtet, daß er auf der Seite der Schwachen und Kleinen (... Am 7,2.5) zu finden ist, um ihnen Lebensraum (vgl. Am 2,9) und Lebensmöglichkeit (vgl. Am 7,1–3.4–6) zu schaffen«. Vgl. auch S. 58: »Der Jahwe des Amos ist der Gott der kleinen Leute, jener Opfer, die im wirtschaftlichen Getriebe des Israels dieser Zeit erbarmungslos zermahlen wurden.«

31 Lang erblickt darin »einen rationalen Kern der prophetischen Predigt«, daß »der Krieg die befestigten Städte mit ihrer politischen Machtkonzentration ungleich stärker trifft als das Land und nur Städte als Fundort von Beute in Frage kommen ... Der Besitz des Städters wird geplündert, er selbst verschleppt; der kleine Bauer bleibt auf der Scholle sitzen und wird deren Eigentümer« (Prophetie 68).

32 Vgl. auch Koch 256. – Zu den Verarmten in der Prophetie des Amos vgl. auch Schwantes 87–99, zu der im folgenden Absatz besprochenen Parallelisierung mit »den Gerechten« besonders S. 93.

wie aus dem sozial »Gedemütigten« ein ethisch »Demütiger« werden
kann. Darauf ist zurückzukommen.

b) Die Begrifflichkeit von Am 2,6f und anderen erwähnten Stellen
begegnet auch in dem Text Jes 11,3b–5. Die hier ausdrücklich vorgenommene Entgegenstellung gesellschaftlicher Gruppen läßt auf einen
ähnlichen sozialen Gegensatz schließen, wie ihn Amos sieht. Dessen
Überwindung erwartet Jesaja vom kommenden Messias, den er im
Bild als »ein Reis aus dem Wurzelstumpf Isais« bezeichnet (11,1). Das
aber bedeutet, daß er in keiner Weise auf den faktisch regierenden König und dessen mögliche Nachkommen setzt, vielmehr das Ende dieser dynastischen Linie als schon gegeben annimmt und den Messias
aus einer anderen Linie des Vaterhauses Davids erhofft.[33] Der regie-
rende König tut offenbar ganz und gar nicht das, was Jesaja vom kommenden Messias erwartet[34]: »Und er wird nicht richten nach dem, was
seine Augen sehen; und er wird nicht Recht sprechen nach dem, was
seine Ohren hören. Er verhilft mit Gerechtigkeit Verelendeten (דַּלִּים/
ταπεινός) zum Recht, und er schafft Recht mit Billigkeit den Ernied-
rigten/Gedemütigten (עֲנָוִים/ταπεινοί) im Lande. Er wird den Gewalttäter[35] schlagen mit dem Stabe seines Mundes und mit dem Hauch
seiner Lippen den Frevler (רָשָׁע/ἀσεβής) töten. Und Gerechtigkeit
wird der Gürtel seiner Lenden sein und Verläßlichkeit der Gürtel seiner Hüften.«[36]

Der vornehme Jerusalemer Jesaja, der sich jedoch in seiner Wahr-

---

33 »Die Hoffnung heftet sich an einen neuen Davididen aus einer Seitenlinie des
regierenden Hauses, die wie ein Rest des Volkes nach Jes 6,13 die Katastrophe
übersteht« (Kellermann 24). Allerdings sollte nicht von einem »Davididen« gesprochen werden, da der davidische »Baum« ja gerade abgehauen wird und nur
der »Wurzelstumpf Isais« übrigbleibt.

34 »Auf jeden Fall schließen diese Erwartungen ein vernichtendes Urteil über den
oder die zeitgenössischen regierenden Davididen ein. Wer so entschieden in
dem kommenden Gesalbten das Heil verkörpert sieht, der sagt damit, daß die
zeitgenössischen Davididen ihre rettende Funktion, die ihnen die Königspsal-
men so emphatisch zugeschrieben haben, verloren haben« (von Rad 177). Das
ist gegenüber einer allzu schnellen Verortung dieser Stelle in »der israelitischen
und selbst der allgemein altorientalischen Königsideologie« (Kaiser 127) zu betonen. Es macht einen beträchtlichen Unterschied aus, ob solche Aussagen von
der faktischen Wirklichkeit oder gegen sie gemacht werden.

35 Der überlieferte hebräische Text hat hier אֶרֶץ (LXX: γῆ), was aber, wie die folgende Parallelzeile wahrscheinlich macht, als Hörfehler von עָרִיץ zu gelten hat.

36 Vgl. zu diesem Text Ebach, Ursprung 77f, zum ganzen Zusammenhang Jes
11,1–10 ebd. 75–89.

nehmung und in seinem Reden nicht vom Interesse seines Standes bestimmen läßt, kann sich zwar die Herstellung des Rechts nicht anders
vorstellen, als daß sie vom König vorgenommen wird. Aber der von
ihm angekündigte königliche Messias macht sich die Perspektive der
Niedergedrückten zu eigen. Er orientiert sich nicht am Augenschein,
den die Starken bestimmen, und nicht an der allgemeinen Meinung,
die von den Mächtigen gesteuert wird. Er deckt vielmehr die von
Blendung und Meinungsmache verschleierte und vernebelte Wirklichkeit auf und entlarvt den als Recht behaupteten faktischen Zustand als Unrecht. Der Messias wird den Entrechteten und Gedemütigten zu Recht und Gerechtigkeit verhelfen; und das bedeutet auf der
Kehrseite zugleich ein Handeln gegen die Starken und Mächtigen[37],
deren Tun als frevlerisch qualifiziert wird.[38]

Der Ort, von dem aus der Messias die Wirklichkeit wahrnimmt, ist
offenbar unten. Deshalb läßt er sich nicht blenden vom Glanz wirtschaftlicher Prosperität und nicht irremachen von den Rechtferti-
gungslitaneien der veröffentlichten Meinung. Aus seiner Perspektive
erscheint die Situation der Armen nicht als unvermeidliches Schicksal,
sondern wird als Verarmung und Entrechtung, als Erniedrigung und
Demütigung erkannt, die rückgängig gemacht werden müssen[39]. Eine
Gesellschaft, die Menschen an den Rand drängt, die Verarmte und Er-

---

37 Kellermann hebt hervor, daß dabei »jeder kriegerische Zug in der Messiashoff-
    nung (fehlt). Das Motiv der militärischen Macht . . . wird zur Macht des rich-
    tenden Wortes abgewandelt« (25).
38 Nach Kaiser »soll der kommende König aus dem Geschlecht Isais an Gottes
    Vermögen teilhaben . . ., die Dinge so zu sehen und zu entscheiden, wie sie
    wirklich sind« (127). Das darf aber nicht so verstanden werden, als stünde der
    Messias neutral jenseits oder oberhalb der Gegensätze. Wie »die Dinge . . .
    wirklich sind«, bekommt er so zu Gesicht, daß er sie aus dem Blickwinkel der
    Verelendeten und Gedemütigten ansieht.
39 Vgl. Ebach, Recht 20: »Wenn die hebräische Bibel bereits in ihren ältesten Tex-
    ten das Recht der Armen betont (das, was ihnen zusteht, nicht das, was man ih-
    nen herablassend gnädig gewährt), sieht sie im Armen den gleichwertigen,
    gleichberechtigten Bruder, nicht das Objekt der Mildtätigkeit. Zugleich beto-
    nen biblische Texte, daß es um die konkrete Hilfe geht, ja, um die ökonomische
    und politische Veränderung hin auf einen Zustand, in dem es keine Armen
    mehr gibt. Wie leicht kann dieses Ziel aus den Augen verloren werden? Das ge-
    schieht zum Beispiel da, wo man in einer mißverstandenen Auslegung der bibli-
    schen Texte, die von einer besonderen Gottesbeziehung der Armen sprechen,
    die Armut mit einem Schleier religiöser Glorifizierung umgibt.«

niedrigte produziert, beruht auf frevlerischer Gewalt und ist nicht die Gesellschaft, die Gott will.

Die in diesem Text intendierte Gesellschaft ist nicht die ständisch gegliederte Konkurrenzgesellschaft; und so kann es für einen sozial Niedriggestellten auch nicht darum gehen, den »Weg nach oben« zu suchen. Der Text entwirft das Bild einer Gesellschaft, in der Gerechtigkeit und Verläßlichkeit herrschen, das Bild einer Solidargemeinschaft. So könnte aus der Situation der Demütigung die Tugend der Demut entstehen, wenn diese Situation bewußt in der Weise angenommen wird, daß die Gedemütigten ihrerseits auf die Demütigung anderer verzichten und solidarisches Verhalten einüben.

2. ». . . haltet euch von ihrer Gewalttat fern!«
Unterbrechung der Gewalt als »Demut« der Armen

Eine Reihe weiterer Texte läßt auf der einen Seite einen Zusammenhang zwischen Reichtum, Macht und Unrecht und auf der anderen Seite einen Zusammenhang zwischen niedriger sozialer Stellung und positiv gewertetem ethischen Verhalten deutlich erkennen.

a) Die Gedemütigten verhalten sich darin demütig, daß sie Zuflucht bei Gott suchen und das Unrechthandeln der Gewalttäter nicht üben. Das hebt ausdrücklich die Stelle Zeph 3,11b–13[40] hervor: »Alsdann werde ich deine übermütigen Stolzen aus deiner Mitte entfernen; und du wirst dich nicht mehr überheben auf meinem heiligen Berg. Und ich werde in deiner Mitte ein Volk übriglassen, niedrig und gering (עָנִי וָדָל/πραΰς καὶ ταπεινός); und sie werden bei dem Namen Jahwes Zuflucht suchen, der Rest Israels. Nicht mehr werden sie Ungerechtigkeit tun und nicht mehr Lüge reden; und in ihrem Mund wird man keine trügerische Zunge finden.« Wie seine Kennzeichnung als »niedrig und gering« zeigt, handelt es sich bei dem übrigbleibenden Gottesvolk um die gesellschaftlichen Antipoden der »großen Hansen«[41], »je-

---

40 Für die nahezu allgemein vertretene Datierung des Auftretens Zephanjas unter Josia (639–609 v.Chr.), und zwar vor 622 (Kultreform des Königs) und wahrscheinlich auch vor 630 (Zeit der Minderjährigkeit des Königs; vgl. Zeph 1,8), vgl. Weiser, Einleitung 237; Rudolph, Micha etc. 255.

41 So treffend Hempel 323 Anm. 4. Er nimmt damit eine im 16. und 17. Jh. häufig gebrauchte Formulierung auf; vgl. Art. HANS 1a, in: Deutsches Wörterbuch von Jacob Grimm und Wilhelm Grimm, IV 2, Leipzig 1877, 456f (mit vielen Belegen, u.a. auch von Luther).

ner gottlosen Oberschicht«[42]. Die Septuaginta läßt durch die Übersetzung mit πραΰς καὶ ταπεινός auch hier die ethische Charakterisierung schon auf die soziale abfärben[43].

Von dem beobachteten Zusammenhang zwischen sozialer Bestimmtheit und ethischem Verhalten her darf Zeph 2,3 vielleicht pointiert so übersetzt werden: »Sucht Jahwe, alle Gedemütigten (עַנְוֵי/ ταπεινοί) im Lande, die ihr sein Recht übt; sucht Gerechtigkeit, sucht Demut (עֲנָוָה)!« Erfahrene Demütigung läßt nach Gerechtigkeit schreien. Die Gedemütigten sollen sie so suchen, daß sie am Recht Gottes festhalten und also nicht die Demütiger kopieren. Darin nehmen sie ihre Situation der Demütigung an; und so entsteht Demut als Solidarität der Gedemütigten.[44]

---

42 So Elliger 80. – Rudolph, Micha etc. 297, schreibt zu V.12: »Aus dem Gegensatz zu 11b ergibt sich, daß ›arm und gering‹ hier keine sozialen, sondern religiöse Begriffe sind.« Dabei ist einmal übersehen, daß auch V.11b sozial zu verstehen ist, insofern dort die Oberschicht im Blick ist, sodann muß Rudolph עני mit ענו gleichsetzen und schließlich ohne jeden Anhalt für דל behaupten, es sei »hier nicht im objektiven, sondern im subjektiven Sinn gemeint: ›sich gering fühlend, von sich gering denkend‹«. – Zum Doppelaspekt von 3,12 (sozial/ wirtschaftlich und ethisch) vgl. Schwantes 151f.

43 Die Nebeneinanderstellung von πραΰς und ταπεινός ist in der griechischen Ethik unmöglich. Für die lateinischen Äquivalente gilt im römischen Bereich dasselbe. Vgl. o. S. 20 mit Anm. 25. Dieselbe Parallelisierung wie bei Zephanja begegnet auch in Jes 26,6. Der ganze Textabschnitt Jes 26,1–6 ist im übrigen eine sachliche Entsprechung zu Zeph 3,11–13: In die von Gott zu schaffende sichere Stadt soll ein Volk einziehen, das Gerechtigkeit und Treue bewahrt (V.1f). Es soll auf Gott vertrauen (V.4), der die Bewohner der Höhe niedergeworfen, die hohe Stadt in den Staub hinabgestoßen hat (V.5), »daß der Fuß sie zertrete, die Füße des Verelendeten (עָנִי), die Schritte der Verarmten (דַלִּים)« (V.6; LXX: πόδες πραέων καὶ ταπεινῶν).

44 Die Aufforderung zur Demut an Demütige ist immer wieder als Anstoß empfunden worden. So nimmt Elliger an, »daß V.3a nicht von Hause aus in den Zusammenhang gehört« (69). Aber selbst wenn es so wäre, müßte doch jedenfalls versucht werden, den Text in seiner jetzt vorliegenden Gestalt zu verstehen. – Bestechend ist jedoch die Lösung von Rudolph, Micha etc. 273f. Er nimmt an, daß die Vergleichspartikel כ durch Haplographie vor כל ausgefallen ist, so daß sich als Text für V.3a ergibt: »Suchet Jahwe wie alle Demütigen des Landes, die sein Recht geübt haben . . .« Dadurch läßt sich der Abschnitt 2,1–3 als Einheit verstehen: Diejenigen, »die in ihrer Selbstsicherheit und Selbstzufriedenheit gleichsam auf einem hohen Roß sitzen« (273) – und das sind ja (ich akzentuiere jetzt anders als Rudolph) »die großen Hansen«, »jene gottlose Oberschicht« –, sollen denen gleich werden, die von ihnen bedrängt und bedrückt werden. Die von ihnen verlangte Demut –, »das tun, was vor Gott recht ist, und das Wichtigste daran ist gerade bei ihnen die Demut« (274) – ist also nichts anderes als

b) Ps 37[45] gebraucht weithin gewiß traditionelle Sprachmuster. Aber in der Gegenüberstellung der beiden hier genannten Gruppen, in der Beschreibung des Handelns der einen und der Leidenserfahrungen der anderen, in den angeführten Drohungen und Verheißungen werden konkrete gesellschaftliche Auseinandersetzungen sichtbar. Wie die weisheitliche Tradition[46] und die kunstvolle Form des Psalms[47] wahrscheinlich machen, gehört der intellektuelle Verfasser nicht selbst zu den Benachteiligten. Er spricht aber in ihrem Interesse.

Auf der einen Seite stehen Menschen, die mit negativen Stereotypen belegt werden. Sie sind »die Bösen« (V.1.9), »die Übeltäter« (V.1), »die Feinde Jahwes« (V.20), »seine Verflucher« (V.22), »die Abtrünnigen« (V.38) und vor allem »die Frevler«.[48] An einer Stelle wird »der Frevler« ausdrücklich »gewalttätig« genannt (V.35). Dazu hat er offenbar auch die Macht. Er ist einer, »der seinen Weg durchsetzt«; das tut er, wie der Parallelsatz zeigt, mit unlauteren Mitteln: »der Ränke schmiedet« (V.7). Diese »Ränke« reichen von Drohungen bis hin zum Mord (V.12.14.32). So entsteht Reichtum (V.16b). Der gewalttätige Frevler »breitete sich aus wie ein aufsprossender Baum in vollem Wuchs« (V.35). Ohne Bild: Durch skrupellosen Einsatz aller Machtmittel vermehren Reiche ihren Reichtum auf Kosten sozial Schwächerer.

In den ihnen gegenüber erhobenen Androhungen wird in diesem Psalm immer wieder geradezu beschworen, daß sie vergehen. Es soll sie nicht mehr geben; ihre Macht soll zerbrechen.[49] Sie werden leihen müssen und nicht zurückerstatten können (V.21a) – was doch jetzt gänzlich außerhalb ihrer Erfahrung liegt, wohl aber quälende Erfahrung der von ihnen Bedrängten ist. Das kennzeichnet die vorausgesetzte gesellschaftliche Situation als Abhängigkeit armer Kleinbauern von reichen Geldgebern.

Die Aussagen über die Menschen, die den »Frevlern« gegenüber-

das Aufgeben der von ihnen ausgeübten Unterdrückung und Ausbeutung. So entsteht Solidarität des ganzen Volkes Gottes.

45 Nach Kraus ist der Psalm »in verhältnismäßig späte Zeit« anzusetzen, auf jeden Fall in nachexilische (439).

46 Vgl. besonders V.25.

47 Der jeweils erste Buchstabe der Doppelverse folgt dem Alphabet (Akrostichon).

48 V.10.12.14.16.17.20.28.34.35.38.40.

49 V.2.9.10.13.15.17.20.22.28.34.35f.38.

stehen, unterstreichen das. Ihr Besitz ist gering (V.16a). Sie kennen »schlimme Zeit« und »Tage des Hungers« (V.19; vgl. V. 39). Sie haben offenbar allen Anlaß zu Zorn und Wut über die gesellschaftlich Mächtigen (V.1.7f), deren Handeln sie ausgeliefert (V.40) und deshalb von solcher Verelendung bedroht sind, die sie zwingen könnte, ihre Kinder um das tägliche Brot betteln zu lassen (V.25).

Auch die ihnen gegebenen Verheißungen erhellen diese Situation. Nicht weniger als fünfmal wird betont, daß sie das Land besitzen werden.[50] Hier dürften solche Menschen im Blick sein, die ihr Land ganz oder teilweise verloren haben, die von ihrem Grund und Boden verdrängt wurden. Parallel zur Verheißung des Landes steht die des »Erbes für immer« (V.18) und des ständigen Wohnens (V.27b). Kurz danach wird beides präzis miteinander verbunden: »Die Gerechten nehmen das Land in Besitz und werden immer auf ihm wohnen« (V.29).

Das ist zugleich ein Hoffnungsbild gegen die erfahrene Wirklichkeit; denn faktisch ist das Land ein Raub der Mächtigen. Ein Hoffnungsbild gegen schlimme Erfahrung wird auch in den V.19–21a gezeichnet: »Sie (sc. die Gerechten und Schuldlosen) verarmen nicht in schlimmer Zeit, und in den Tagen des Hungers werden sie satt. Denn die Frevler gehen zugrunde, und die Feinde Jahwes: wie die Pracht der Auen schwinden sie dahin, wie Rauch schwinden sie dahin. Es leiht der Frevler und kann nicht zurückerstatten.« Gerade die Erfahrung des in wirtschaftliche Not geratenen Rechtschaffenen ist es ja, daß er nicht genug hat, um den Hunger der Seinen zu stillen. Er muß borgen und Wucherzinsen zahlen. Das treibt ihn in noch größere Verschuldung. Er verarmt weiter, während sein harter Gläubiger Profite macht.

In der Weise eines Hoffnungsbildes gegen die erfahrene Wirklichkeit muß auch die Aussage von V.25 verstanden werden, wo der Verfasser des Psalms sagt: »Ein Jüngling bin ich gewesen, doch bin ich alt geworden, und ich habe den Gerechten nicht verlassen gesehen und seine Kinder nicht um Brot betteln.« Angesichts dessen, was der Psalm über die so andere harte Wirklichkeit erkennen läßt und auch direkt ausspricht, kann dieser Satz nicht als naive Beschreibung gemeint sein; er wirkt in diesem Kontext so überzogen, daß er nur als Widerspruch gegen die Wirklichkeit aufzufassen ist. Er ist kein Postulat der heilen Welt, das unter Verschließen der Augen vor der wirklichen Welt aufgestellt wird, sondern Entgegensetzung der von Gott gewollten Welt gegen das von Menschen verursachte faktische Chaos.[51]

50 V.9.11.22.29.34.
51 Crüsemann führt Ps 37,25 »als Beispiel für die gesamte ältere Weisheit« an (84). Für den isolierten Vers geschieht das sicher zu Recht. Da ist er Ausdruck der »Denkform einer reichen, grundbesitzenden Oberschicht« (85), in der »als Er-

Die Wirklichkeit Gottes wird immer wieder gegen die Macht des Faktischen ins Feld geführt. Die Betonung, daß Gott die von den »Frevlern« Bedrängten nicht verläßt (V. 25.28), dürfte voraussetzen, daß deren Situation durchaus den Eindruck der Gottverlassenheit macht. Aber, versichert der Psalm, Gott stützt und rettet sie (V. 17.39f), hält sie sozusagen an der Hand (V. 23f). Gegen den faktischen Zustand, daß »der Gerechte« in der Gewalt »des Frevlers« ist, heißt es: »Jahwe aber läßt ihn nicht in seiner Hand« (V. 33a); und gegen das faktische Recht, nach dem die Gerichte »den Gerechten« schuldig sprechen, so daß er zur Beute »des Frevlers« wird, heißt es weiter: »und nicht erklärt er (sc. Jahwe) ihn (sc. den Gerechten) für schuldig, wenn er (sc. der Frevler) mit ihm (sc. dem Gerechten) prozessiert« (V. 33b). Das Recht, das Gott liebt (V. 28), steht gegen das im Interesse der Mächtigen instrumentalisierte Recht.

Die Vergewisserung der Bedrängten, daß gegen allen Augenschein Gott doch auf ihrer Seite und nicht auf der ihrer so erfolgreichen Bedränger steht, soll sie bestärken, ihrerseits ganz und gar auf Gott ihr Vertrauen zu wagen. Diese am häufigsten vorgetragene Mahnung, Gott zu vertrauen, geduldig auf ihn zu warten und zu hoffen[52], ist gewiß ganz traditionell, bekommt aber im Kontext des Psalms ein prägnantes Profil. In V. 7 heißt es: »Warte geduldig auf Jahwe und harre auf ihn! Ereifere dich nicht über den, der seinen Weg durchsetzt, über den Mann, der Ränke schmiedet!« Wer angesichts des sich bedenkenlos durchsetzenden Ränkeschmieds seine Hoffnung allein auf Gott setzt, verzichtet darauf, dem Frevler auf dessen Ebene zu begegnen, Gegenmittel seiner Art zu ersinnen. Daß er allen Grund zu Zorn und Wut haben kann und hat, wird nicht bestritten, sondern vorausgesetzt, aber er soll davon lassen, damit er nicht in dasselbe Unrecht hineingezogen wird: »Laß ab vom Zorn und laß die Wut, ereifere dich nicht, auf daß du nicht Böses tust!« (V. 8). Die Hoffnung auf Gott läßt die Situation aushalten; und sie läßt Alternativen entwickeln: »Der Gerechte erbarmt sich und gibt« (V. 21b; vgl. V. 26a). Im Gegensatz zum Leihen auf Zins erscheint so als mögliche Praxis das Miteinanderteilen.

---

fahrung (formuliert wird), daß im Normalfall ein gehöriges Maß an Faulheit, Dummheit oder von der gesellschaftlichen Norm abweichendem Verhalten dazu gehört, um in Not und Abstieg zu geraten« (86). Aber der jetzige Kontext dieses Verses spricht nicht aus der Perspektive der grundbesitzenden Oberschicht.

52 V. 3.5.7.9.34.

Von daher ist es dann nicht mehr verwunderlich, daß zur Bezeichnung derjenigen, die den »Frevlern« gegenüberstehen, sowohl soziale als auch ethische Begriffe gebraucht werden. Sie sind »der Verelendete und Verarmte« (V.14; עָנִי וְאֶבְיוֹן/πτωχὸς καὶ πένης), »die Erniedrigten/Gedemütigten/Demütigen« (V.11; עֲנָוִים/πραεῖς). Sie werden zugleich charakterisiert als »Fromme« (V.28; חֲסִידִים/ὅσιοι), »Schuldlose« (V.18; תְּמִימִים/ἄμωμοι) und vor allem als »Gerechte«[53] (צַדִּיקִים/δίκαιοι), als diejenigen, »die den rechten Weg wandeln« (V.14; יִשְׁרֵי־דָרֶךְ/οἱ εὐθεῖς τῇ καρδίᾳ). Die sozialen Begriffe haben in diesem Kontext auch eine ethische Dimension erhalten. Das dürfte vor allem für die »Erniedrigten/Gedemütigten« (V.11; עֲנָוִים) gelten.[54] Jedenfalls hat die Septuaginta den Begriff ethisch verstanden, wie die Übersetzung mit οἱ πραεῖς (»die Milden/Sanftmütigen«) zeigt. Die Erniedrigten und Gedemütigten erweisen sich darin als Demütige und Sanftmütige, daß sie nicht versuchen, ihrerseits die Praxis der Frevler nachzuahmen (V.7), und daß sie auch nicht resignieren, sondern auf den Veränderung verheißenden Gott setzen und im Verhalten untereinander den Gewaltzusammenhang durchbrechen. Der Psalm ist so ein Identifikationsangebot an die kleinen Leute, die in den gesellschaftlichen Auseinandersetzungen bedrückt und benachteiligt werden. Er vermittelt ihnen Hoffnung, daß ihr anderes Verhalten ihnen auch zum Guten ausschlägt, daß sie, die in dieser Weise Gott preisen, das Land gewinnen (V.22a) und von seiner Bearbeitung leben können und daß die Gewalttat der Frevler auf diese zurückfalle (V.22b).[55]

---

53 V.12.16.17.21.25.29.30.39.

54 Birkeland schreibt zu dieser Stelle, »daß wir hier vor einem Falle zu stehen scheinen, wo ענוים ganz und gar mit ›Frommen‹ gleichbedeutend sind« (ani 88f). Es sind »die Elenden, Verkommenen« (ebd. 92). Sie bilden keine Partei, »sondern der Gebrauch des Wortes (muß) von besonderen historisch bedingten Faktoren heraus verstanden werden« (ebd. 93). Und das sind soziale Faktoren. Birkeland meint freilich in einer späteren Arbeit, daß sich in den Psalmen Israel als »die Armen« und »auswärtige Feinde« gegenüberstehen (vgl. die These in: Feinde 21f). Die »Frevler« in Ps 37 seien »die Heiden . . ., die Israel regieren« (Feinde 274; zu Ps 37 im ganzen 273–275; vgl. auch ders., Evildoers 39f). In Ps 37 spricht besonders gegen diese These, daß die »Feinde« in V. 38 als »Abtrünnige«, als Apostaten bezeichnet werden; und das können schlechterdings keine Heiden, sondern müssen Israeliten sein. Gegen Birkeland vgl. auch Keel 119.

55 Zum Zusammenhang von Armut und Frömmigkeit bemerkte Dibelius: »Je mehr die Frömmigkeit ein Sich-Beugen unter Gottes Willen wurde, desto mehr konnte Armut als eigentlicher Nährboden der Frömmigkeit gelten. Darum er-

»Wenn die Unterdrückten, Niedergetretenen, Vergewaltigten aus der rachsüchtigen List der Ohnmacht heraus sich zureden: ›laßt uns anders sein als die Bösen, nämlich gut! Und gut ist jeder, der nicht vergewaltigt, der niemanden verletzt, der nicht angreift, der nicht vergilt, der die Rache Gott übergibt, der sich wie wir im Verborgenen hält, der allem Bösen aus dem Wege geht und wenig überhaupt vom Leben verlangt, gleich uns, den Geduldigen, Demütigen, Gerechten‹ – so heißt das, kalt und ohne Voreingenommenheit angehört, eigentlich nichts weiter als: ›wir Schwachen sind nun einmal schwach; es ist gut, wenn wir nichts tun, *wozu wir nicht stark genug sind*‹; aber dieser herbe Tatbestand, diese Klugheit niedrigsten Ranges, welche selbst Insekten haben (die sich wohl totstellen, um nicht ›zu viel‹ zu tun, bei großer Gefahr), hat sich dank jener Falschmünzerei und Selbstverlogenheit der Ohnmacht in den Prunk der entsagenden stillen abwartenden Tugend gekleidet, gleich als ob die Schwäche des Schwachen selbst – das heißt doch sein *Wesen*, sein Wirken, seine ganze einzige unvermeidliche, unablösbare Wirklichkeit – eine freiwillige Leistung, etwas Gewolltes, Gewähltes, eine *Tat*, ein *Verdienst* sei. Diese Art Mensch hat den Glauben an das indifferente wahlfreie ›Subjekt‹ *nötig* aus einem Instinkte der Selbsterhaltung, Selbstbejahung heraus, in dem jede Lüge sich zu heiligen pflegt. Das Subjekt (oder, daß wir populärer reden, die *Seele*) ist vielleicht deshalb bis jetzt auf Erden der beste Glaubenssatz gewesen, weil er der Überzahl der Sterblichen, den Schwachen und Niedergedrückten jeder Art, jene sublime Selbstbetrügerei ermöglichte, die Schwäche selbst als Freiheit, ihr So- und So-Sein als *Verdienst* auszulegen« (*Friedrich Nietzsche*, Zur Genealogie der Moral I 13, Werke III [Ullstein 2909], Frankfurt/M. u.a. 1976, 236f).

c) In der Tradition der bisher besprochenen Texte steht der zweite Teil von »Henochs Epistel« (äthHen 94,6–104,13).[56] Die Welt, wie sie

scheinen ›arm‹ und ›fromm‹ als parallele Begriffe« (58f). Demgegenüber wäre zu betonen, daß die Armen keineswegs ihre Situation als dem Willen Gottes entsprechend begreifen sollen; das »Sich-Beugen unter Gottes Willen« bedeutet keineswegs, sich mit der Situation der Unterdrückung und Ausbeutung abzufinden. »Nährboden der Frömmigkeit« konnte die Armut vom Gegensatz zu den Reichen und ihren gewalttätigen Methoden her werden. – Zu »arm« und »demütig« in den Psalmen vgl. auch den Exkurs bei Kraus 82f. »Eine eingehende Untersuchung des Vorkommens der Begriffe ergibt, daß der ›Arme‹ der Verfolgte und Rechtlose ist, der vor den gewalttätigen Feinden . . . Zuflucht bei Jahwe sucht und seine verlorene Sache Gott als dem gerechten Richter anheimstellt« (82).

56 Zur Datierung meint noch Sacchi, man sei hier auf innere Kriterien angewiesen, und sieht »keinen Grund, von dem allgemein angenommenen Ansatz zwischen der Mitte des ersten vorchristlichen und der Mitte des ersten nachchristlichen Jahrhunderts abzugehen« (47). Demgegenüber ist jedoch mit Uhlig u.a. auf in Qumran gefundene aramäische Fragmente hinzuweisen, die Teile von »Henochs Epistel« enthalten. Danach »steht etwa die Mitte des 1. Jh.s v.Chr. als Terminus ante quem für die ältere der beiden aram. Kopien fest. Dabei ist jedoch keineswegs ausgeschlossen, daß einige Partien der Epistel in voressenischer Zeit entstanden sind« (Uhlig 709). Für eine Entstehung der ganzen Schrift »vor ca. 150 v.Chr.« tritt z.B. Hengel ein (365 Anm. 562 mit Lit.).

der Verfasser wahrnimmt, »ist eine Welt in Unordnung, eine Welt un-
gelöster Spannungen und polarer Gegensätze. Gerechtigkeit liegt am
Boden.«[57] Zwei Gruppen von Menschen sind einander antagonistisch
entgegengesetzt: auf der einen Seite solche, die durch Reichtum und
Macht ausgezeichnet sind, auf der anderen solche, die unter ihnen leiden und ums nackte Überleben kämpfen. Der Verfasser spricht aus
der Perspektive der Bedrängten; er versteht seine Rolle in Analogie zu
der der alten Propheten.[58]

So werden den Reichen und Mächtigen Wehe-Rufe entgegenge-
schleudert, in denen ihr Handeln gebrandmarkt wird. Dabei begegnen
natürlich auch oft traditionelle Vorwürfe allgemeiner Art wie die von
Unrecht, Ungerechtigkeit und Frevel. Aber daneben finden sich Aussagen, die die vorausgesetzte Situation recht konkret erkennen lassen.
Einige kennzeichnen klar den Ausbeutungscharakter des Handelns
der mächtigen Reichen. »Wehe euch, die ihr eure Häuser durch die
Schwerarbeit anderer baut und deren gesamtes Baumaterial Ziegel
und Steine der Sünde sind!« (99,13).[59] Das gesellschaftliche Gegenüber
von vermögenden Freien auf der einen Seite und von ihnen abhängi-
gen Sklaven und Lohnarbeitern auf der anderen Seite wird als Gewaltverhältnis wahrgenommen und als Sünde qualifiziert. In solchem Verhältnis erworbener Reichtum kann nur als »mit Unrecht erworben«
(97,10) bezeichnet werden. Der Lebensgenuß der einen und die Unterdrückung der anderen entsprechen einander wie zwei Seiten derselben Medaille: »Wehe euch, die ihr das Beste vom Weizen verzehrt,
und Wein trinkt und zecht mit dem Becher[60] und die Niedrigen mit
eurer Macht niedertretet!« (96,5).[61]

Auch hier geben sich Unterdrückung und Ausbeutung den Schein
des Rechts. In 100,10 wird das göttliche Forschen nach den Sünden der
Reichen damit begründet, »weil ihr auf Erden an den Gerechten Gericht übt«. Dieser Vorwurf dürfte sowohl darauf gehen, daß überhaupt das Recht – weil von den Reichen gehandhabt – in ihrem Interesse funktioniert, ohne daß ein formaler Rechtsverstoß vorliegen

---

57 Nickelsburg, Message 311.
58 Nickelsburg, Message 318.
59 Hier liegt eine selbständige Verarbeitung von Jer 22,13 vor. Vgl. auch 94,7: »We-
    he denen, die ihre Häuser mit Sünde bauen!«
60 Zum Text vgl. Nickelsburg, Riches 329 mit Anm. 16.
61 Zum Schluß vgl. auch 96,8: »Wehe euch, ihr Mächtigen, die ihr mit Gewalt den
    Gerechten niederdrückt!«

müßte, als auch Unrechtsakte im Blick haben, mit denen Reiche skrupellos das sie ohnehin schon begünstigende Recht brechen. Einen Beleg für letzteres bietet 99,12: »Wehe euch, die ihr ein Maß der Sünde und des Betruges schafft!« Wie die Fortsetzung zeigt – »und die Verbitterung auf Erden stiften« –, brauchen die Reichen, wenn sie mit betrügerischen Maßen und Gewichten umgehen, die Entdeckung solchen Vorgehens nicht sonderlich zu fürchten; die Folge wird nur Verbitterung der kleinen Leute sein, die ihnen nichts anhaben kann.

Die Vorwürfe gegen die Reichen, »die mehr spezifisch ›religiöse‹ Sünden« betreffen[62], gehören mit dem gesellschaftlich-wirtschaftlichen Bereich eng zusammen. Denn im Blick sind hier Gebote, die eine klare Abgrenzung vom Heidentum im Auge haben. Eine solche Abgrenzung steht aber den Geschäftsbeziehungen mit der heidnischen Welt hinderlich im Wege und dürfte deshalb im Interesse eines florierenden Handels oft genug aufgegeben worden sein. »Wehe euch, die ihr den Grundstein und das ewige Erbteil eurer Väter verachtet und die dem Geist der Götzengreuel nachfolgen!« (99,14). Die Vorwürfe, Blut zu essen[63], Blasphemie zu üben[64] und Götzendienst zu treiben[65], könnten konkret Gastmähler bei heidnischen Geschäftspartnern im Auge haben, bei denen jüdische Teilnehmer weder an den Speisen (Blut) noch am Ort (»Tempelrestaurant«) Anstoß nehmen. Ihre weltoffene Liberalität erlaubt es ihnen, die engen Grenzen ihrer Tradition zu sprengen.

Zusammenfassend beschreibt der Verfasser ihr Handeln in 102,9 als »essen, trinken, rauben, sündigen, Menschen nackt auszuziehen (= ausplündern)[66], Besitz hinzugewinnen und gute Tage sehen«.[67] Aus der Sicht der Reichen kann das auch ganz anders beschrieben und gewertet werden: Ihre Situation, gute Tage zu sehen und aus dem Vollen leben zu können, ist geradezu ein sichtbarer Ausweis, daß der Segen

---

62 Nickelsburg, Message 311.
63 98,11; vgl. dagegen Gen 9,4; Lev 17,14; Dtn 12,23; Act 15,20.29.
64 94,9; 95,2; 96,7.
65 99,7; 104,9.
66 Vgl. unsere Redewendung »das letzte Hemd ausziehen«.
67 Zum Luxus der Reichen vgl. 98,2: »Ihr Männer legt euch mehr Schmuck an als eine Frau und mehr Farbenpracht als ein junges Mädchen in Königswürde, in Größe und in Macht, in Silber, in Gold und in Purpur, in Ehre und Speisen, ihr schüttet Geld aus wie Wasser.« Zur Übersetzung des Schlusses vgl. Nickelsburg, Riches 330.

Gottes auf ihnen ruht. So stellt der Verfasser in 96,4 fest: »Euer Reichtum läßt euch als Gerechte erscheinen.«[68] Sie haben Besitz hinzugewonnen, weil sie tüchtig waren. Was können sie dazu, wenn der andere sich verschuldet hat? Wahrscheinlich war er faul.[69] Demgegenüber sei noch einmal hervorgehoben, daß der Verfasser die gesellschaftliche Situation als strukturelles Gewaltverhältnis wahrnimmt und als Sünde qualifiziert.

Wie sich die Lage für die Unterdrückten darstellt, wird am eindrücklichsten in 103,9–15 geschildert. Es handelt sich um eine den »Gerechten und Guten« in den Mund gelegte Rede. Der Verfasser sagt, sie sollten so nicht sprechen. Er verbietet das nicht deshalb, weil der Inhalt der Rede unzutreffend wäre, sondern weil es mehr zu sagen gibt, weil die Verheißung gilt, die er 104,1–6 folgen läßt. Aber sie könnten so reden; die Lagebeschreibung ist völlig richtig:[70]

»(9) In den Tagen unserer Not haben wir uns mit schwerer Mühe abgeplagt und haben alle Not gesehen, und viele Übel trafen uns, und wir wurden aufgerieben und sind wenig geworden, und unser Geist ist schwach. (10) Wir sind umgebracht worden, und wir haben niemanden gefunden, der uns nur mit dem Wort beigestanden hätte; wir wurden gequält und vertilgt, und wir haben nicht gehofft, das Leben zu sehen Tag um Tag. (11) Wir hofften, das Haupt zu sein, und sind zum Schwanz geworden; wir plagten uns beim Arbeiten ab und hatten keinen Erfolg für unsere Mühe; wir wurden zum Fraß für die Sünder, und die Ungerechten drückten uns mit ihrem Joch. (12) Die erreichten die Herrschaft über uns, die uns haßten und die uns schlugen; und denen, die uns haßten, beugten wir unseren Nacken, aber sie hatten kein Erbarmen mit uns. (13) Wir

---

68 S. auch 103,5c.6 im Vergleich mit Sir 1,13.18b; 11,26.
69 Vgl. Prov 6,1–11.
70 Nickelsburg, Message 318–322, hat in 102,4–104,8 eine klare Struktur entdeckt: Dieser Teil besteht aus vier Abschnitten, die sich auf tote Gerechte, tote Sünder, lebende Gerechte und lebende Sünder beziehen. Jeder Abschnitt ist dreifach unterteilt in Angabe der Adresse, Rede der jeweiligen Gruppe und Antwort des Verfassers. Damit wird auch 103,9a gut verstehbar: »Sagt nicht, ihr Gerechten und Guten, die ihr am Leben seid!« Die von Uhlig übernommene Lesart (»Sagt nicht über die Gerechten und Guten, die am Leben waren«) läßt die folgende Rede von den reichen Sündern gesprochen sein, die sie »ironisch den Frommen in den Mund« legen (738 Anm. a zu V. 9). Das wirkt gekünstelt und gibt kaum Sinn. Leider geht Uhlig auf den überzeugenden Vorschlag von Nickelsburg überhaupt nicht ein.

versuchten, von ihnen zu entkommen, um zu flüchten und Ruhe zu haben, aber wir fanden keinen Ort, wohin wir fliehen und uns vor ihnen retten konnten. (14) Und wir beklagten uns in unserer Not bei den Herrschern und schrieen über die, die uns verschlangen, aber sie achteten nicht auf unsere Klage, und sie wollten nicht auf unsere Stimme hören. (15) Und sie halfen denen, die uns beraubten und verschlangen, und denen, die uns dezimierten, und sie verheimlichten ihre Gewalttat und nahmen das Joch derer nicht von uns, die uns verschlangen, uns zerstreuten und uns mordeten, und sie verheimlichten unsere Ermordung und dachten nicht daran, daß sie (sc. die Unterdrücker) ihre Hände gegen uns erhoben hatten.«[71]

Das Leben derer, die hier sprechen, ist durch harte körperliche Arbeit geprägt, die sie dennoch nicht aus der Not herausführt. Im Gegenteil, sie leben ständig am Rand des Existenzminimums; die schlechte Lebenssituation schlägt sich in Krankheiten und hoher Sterblichkeitsquote nieder (9).[72] Nicht einmal das nackte Überleben ist gesichert. Sie sind Schikanen ausgesetzt, Entrechtete, auf deren Leben keiner auch nur einen Pfifferling gibt (10). Nach Dtn 28,13[73] ist denen, die den Geboten Gottes Gehorsam leisten, verheißen, Haupt zu sein und nicht Schwanz, vornean zu stehen und nicht hintenan. Hier aber ist es Erfahrung derjenigen, die die Gebote halten, der letzte Dreck zu sein (11a). Trotz harter Arbeit gelingt es ihnen nicht, ihre Lage zu verbessern (11b), weil der Ertrag ihrer Arbeit nicht ihnen selbst zugute kommt, sondern von anderen angeeignet wird, die sie ausbeuten, unter deren »Joch« sie stehen (11a). »Joch« bezeichnet hier die sich in wirtschaftlicher Ausbeutung manifestierende Herrschaft. Diese Herrschaft wurde mit Gewalt gewonnen und wird mit Gewalt auf-

---

71 Nach Nickelsburg handelt es sich hier um »eine Nachahmung von Wörtern und Ausdrücken aus Dtn 28 . . . Die Sprecher behaupten, daß sie, die Gerechten, die Bundesflüche erfahren. Anstatt des Lohnes für die Gerechtigkeit erleiden sie die Übel, die Gott den Sündern angedroht hat; und sie erleiden diese Übel zudem noch durch die Hand der Sünder« (Message 322). – Nach Ruppert ist dieses Stück »kein dogmatischer Traktat über die Notwendigkeit des Leidens der Gerechten, sondern *ein Aufschrei der Frommen* aus erlebter Bedrängnis« (154). Er hält es für »eine Reflexion der blutigen Pharisäerverfolgung unter Alexander Jannaios (88–86 v.Chr.)« (155; vgl. auch 144).

72 Hinter dem Schluß von V. 9: »und unser Geist ist schwach/klein« dürfte die hebräische Wendung שְׁפַל־רוּחַ im Sinne von »gedemütigt« stehen; vgl. Jes 57,15.

73 Vgl. Jub 1,16.

rechterhalten (12a). Sie zwingt zur Unterordnung; aber die Demuts-
geste löst kein Erbarmen aus (12b).[74] In solch auswegloser Situation
legt sich der Gedanke zur Flucht nahe, um »Ruhe« zu finden (13a).
Endlich Ruhe zu haben, ist der Wunsch von Menschen, die zu harter
Arbeit gezwungen sind, von der sie selbst den geringsten Nutzen haben.[75] Aber diese Möglichkeit der Flucht wird dann doch als Unmög-
lichkeit erkannt. Wohin sollen sie denn fliehen? (13b). Sie könnten sich
anderswo ja nur zu denselben Konditionen verdingen; das brächte
keine Änderung. Oder sie könnten sich einer Räuberbande anschlie-
ßen oder in der Subkultur einer großen Stadt untertauchen und sich
mehr schlecht als recht durchschlagen – beides keine Möglichkeiten
für einen Frommen. Die Situation ist wirklich völlig verstellt. Auch eine weitere Möglichkeit hat sich schon als gescheitert erwiesen: der
Appell an die höhere politische Instanz, einzugreifen und Abhilfe zu
schaffen. Die politische Instanz denkt nicht daran, gegen die Interessen der wirtschaftlich Mächtigen zu handeln. Im Gegenteil: sie hilft
ihnen noch, deckt und verheimlicht ihre Untaten und nimmt den Unterdrückten das Joch nicht ab (14f).[76] Für sie ist die Lage nach allen Seiten aussichtslos. Wie soll es hier einen Ausweg geben?[77]

Der Verfasser öffnet diese Situation, indem er sie transzendiert, indem er eine künftige Umkehrung verheißt. Die Häuser der Reichen
werden zerstört werden (94,7); sie müssen heraus aus ihrem Reichtum
(94,8)[78]; statt Frieden (98,15; 99,13), Ruhe (99,14) und gutem Leben

---

74 Was König Agrippa II. in seiner »Friedensrede« empfiehlt, ist ein Ratschlag von
»oben«: »Nichts läßt die Schläge eher aufhören als geduldiges Tragen, und das
Stillehalten der Opfer führt zu einer Wandlung der Peiniger« (Ios. bell. Iud. II
351). Die Mahnungen Jesu, dem Schläger auch die andere Backe hinzuhalten
und dem Räuber des Mantels auch das Kleid zu lassen, haben einen anderen sozialen Kontext und eine andere Intention (vgl. dazu Wengst, Pax 88–90).
75 Vgl. 96,3 sowie eine Textvariante in 103,13: »Wir suchten, wohin wir vor ihnen
fliehen könnten, um uns zu erquicken« (Uhlig 738 Anm. 13b).
76 Vgl. 104,3, wo von den Herrschern als solchen gesprochen wird, »die denen ge-
holfen haben, die euch beraubten«.
77 Wie Schottroff/Stegemann angesichts solcher Aussagen fragen können, ob der
hier in äthHen 94–104 beschriebene Konflikt »überhaupt als sozialer Konflikt
angesehen werden kann« (45), ist unverständlich. Sie behaupten: »Die Notlage
der Unterlegenen wird eben nicht als soziale Not, sondern als politische Nie-
derlage beschrieben« (ebd.). Aber gerade das Stück 103,9–15 beschreibt durchgehend die soziale Situation, deren politische Rahmenbedingungen dann am
Schluß auch noch in den Blick kommen.
78 Vgl. 97,10.

(99,1) werden sie Angst haben (98,3; 100,8) und ganz ohne Hoffnung auf Leben sein (98,14), niedergetreten auf der Erde (99,2). Sie werden also die Erfahrungen derer machen, die sie jetzt unterdrücken.[79] Diese Umkehrung spiegelt sich besonders drastisch in 98,12: »Wisset, daß ihr in die Hände der Gerechten gegeben werdet.« Jetzt sind die Gerechten in den Händen ihrer Unterdrücker und haben darunter erbarmungslos zu leiden. Aber diese Situation ist offenbar so schlimm, daß es um keinen Deut besser ist, in die Hände der Gerechten zu fallen, wie die Fortsetzung des Textes zeigt: »Und sie werden euch die Köpfe abhauen und euch töten und kein Mitleid mit euch haben.«[80] In traditioneller Weise wird den Gerechten mehrfach himmlischer Ausgleich angekündigt.[81] Auf einen Punkt ist dabei besonders hinzuweisen: Ihr Gedächtnis wird nicht getilgt werden (103,4); die Engel im Himmel gedenken ihrer, und ihre Namen werden vor Gott aufgeschrieben (104,1). Sie, die in der Öffentlichkeit nichts gelten, die schnell vergessen sind und an die keiner mehr denkt, haben doch einen Ort, wo ihrer gedacht wird, wo ihr Name Klang hat und wo sie etwas gelten. Der erfahrenen Welt entgegen, die Anlaß zu tiefster Resignation gibt, verkündigt der Verfasser »als eine Offenbarung, daß die Dinge nicht so sind, wie sie erscheinen«.[82] Dafür bringt er Gott ins Spiel. Von ihm her ist die Situation nicht nur dadurch offengehalten, daß er der Unterdrückten gedenkt und deren Namen vor ihm aufgeschrieben sind. Nicht vergessen, sondern aufgeschrieben sind auch alle Unrechtstaten der Mächtigen. Ihnen wird entgegengehalten, »daß all euer böses Tun in den Himmeln offenbar ist und daß euer Werk des Unrechts weder verdeckt noch verborgen ist . . ., daß jede Ungerechtigkeit im Himmel jeden Tag vor dem Höchsten aufgeschrieben wird« (98,6–8). Die Engel sowie die Sonne, der Mond und die Sterne, dazu Licht und Finsternis, Tag und Nacht, ja selbst Nebel, Tau und Regen werden dafür zu Zeugen gemacht (100,10–13; 104,7f). Was das Licht der Öffentlichkeit

---

79 Daneben findet sich in diesem kurzen Stück außerordentlich oft die Androhung des Vernichtungsgerichts, der Vertilgung.
80 Vgl. 95,3; 96,1.
81 Vgl. z.B. 96,8; 103,2–4. »Im Gericht erhalten die Gerechten, was die Sünder während ihres Lebens erhielten, und die Sünder erhalten das, wovon sie annahmen, es sei das Schicksal der Gerechten« (Nickelsburg, Message 320). Wieder ist es unverständlich, wieso Schottroff/Stegemann meinen, »die Hoffnungen richten sich nicht auf sozialen Ausgleich« (45).
82 Nickelsburg, Message 326.

scheut, was bewußt vertuscht wird und keine Öffentlichkeit haben soll (103,15), was hinter einem Schleier massiv umdeutender Propaganda verborgen wird (98,15)[83]: das Unrecht der Mächtigen – das hat eine untrügliche Öffentlichkeit im Himmel. Insofern der apokalyptische Verfasser an dieser himmlischen Öffentlichkeit jetzt schon partizipiert und seine Leser ebenfalls daran partizipieren läßt, bilden seine Schrift und ihr Leserkreis eine himmlisch legitimierte Gegenöffentlichkeit zur von den Mächtigen dominierten Öffentlichkeit. Die Teilhabe an der himmlischen Öffentlichkeit bestärkt sie, das Handeln der mächtigen Reichen jetzt schon als das zu benennen, was es ist: Unrecht, und es ebenso wenig zu vergessen wie die Namen ihrer umgekommenen und umgebrachten Leidensgenossen, die im Himmel aufgeschrieben sind.[84] Die Gewißheit, daß das Unrecht der Mächtigen bei Gott aufgeschrieben ist, hat also nicht zur Konsequenz, daß man es selbst getrost vergessen und Gott das Gedächtnis allein anheimstellen könne. Daß es vielmehr darum geht, auch selbst nicht zu vergessen, wird 99,3 deutlich: »Macht euch in jenen Tagen bereit, ihr Gerechten, um eure Gebete ins Gedächtnis zu bringen, und legt sie als Zeugnis vor den Engeln nieder, damit sie die Sünde der Sünder vor dem Höchsten zum Gedächtnis niederlegen.« Das Gedächtnis Gottes bedient sich hier geradezu des Gedächtnisses der unterdrückten Gerechten.[85] Wenn sie ihre Gebete am Gerichtstag ins Gedächtnis brin-

---

83 »Wehe euch, die ihr Lügenworte und Worte der Frevler niederschreibt, denn sie schreiben ihre Lügen auf, damit man sie höre und das andere vergesse.« Vgl. auch 99,1 und 104,10.

84 An dieser Stelle ist auf das organisierte gemeinsame Handeln von Müttern und Frauen der »Verschwundenen« in Lateinamerika hinzuweisen.

85 Vgl. 97,3: »Was wollt ihr, die ihr Sünder seid, tun, und wohin wollt ihr fliehen an jenem Tage des Gerichts, wenn ihr die Stimme des Gebets der Gerechten hören werdet?« Vgl. weiter 97,5. Sie werden auch ihre eigenen »ungerechten Reden« hören, »und euer Angesicht wird mit Schande bedeckt werden« (97,6). In Hermann Kasacks Roman »Die Stadt hinter dem Strom« (Frankfurt 1964 = durchgesehene Fassung 1956) erzählt der Berichterstatter, daß sich an einer Stelle der Stadt, die das »Zwischenreich« darstellt, »eine Reihe von Käfigen« befindet. In jedem von ihnen schwebte »ein riesiger gelbgleißender Grammophontrichter, aus dem . . . ein wildes Getön drang. Die Menschen, die einzeln in den Käfigen hockten, versuchten beide Handballen gegen die Ohren zu pressen, um der Stimme aus dem Trichter zu entgehen.« Es ist dies die Stelle, »wo die Demagogen, die Staatstyrannen und Großsprecher tagaus, tagein ihre eigenen Reden sich anhören müssen, mit denen sie einst ihr Volk verführt und aufgehetzt haben« (337).

gen sollen, müssen sie sie im Gedenken bewahrt haben. Das Gebet wird hier zum Medium der Gegenöffentlichkeit.[86] Daß diese Gegenöffentlichkeit sich Einschüchterungsversuchen und Pressionen ausgesetzt findet, ist zu erwarten.[87] Nicht zuletzt von daher wird die häufige Mahnung verständlich, sich nicht zu fürchten.[88] Daß Anlaß zur Furcht besteht, ist keine Frage. Und die Furcht kann dazu führen, sich anzupassen und Kompromisse zu schließen. Das ist am deutlichsten in 104,6. Auch nicht partiell mit den Mächtigen zu paktieren, wird dort als entscheidendes Motiv der Mahnung erkennbar, sich nicht zu fürchten, wenn es weiter heißt: »Habt keine Gemeinschaft mit ihnen, sondern haltet euch von ihrer Gewalttat fern!« Und nach 102,10 kennzeichnet es »die Gerechten«, daß sich »keine Gewalttat« bei ihnen findet. »Die Gerechten«[89] sind die Niedergedrückten (96,8) und Verarmten und Ausgebeuteten[90], die Erniedrigten und Gedemütigten (96,5). Im Nicht-Mitmachen, im radikalen Sich-Verweigern gegenüber den Praktiken der Mächtigen, im furchtlosen Aufrichten und Durchhalten einer Gegenöffentlichkeit erweisen diese Armen und Niedrigen ihre Gerechtigkeit, sind die Gedemütigten zugleich Demütige.

»Die Juden – ein Volk, ›geboren zur Sklaverei‹, wie Tacitus und die ganze antike Welt sagt, ›das auserwählte Volk unter den Völkern‹, wie sie selbst sagen und glauben – die Juden haben jenes Wunderstück von Umkehrung der Werte zustande gebracht, dank welchem das Leben auf der Erde für ein paar Jahrtausende einen neuen und gefährlichen Reiz erhalten hat – ihre Propheten haben ›reich‹, ›gottlos‹, ›böse‹, ›gewalttätig‹, ›sinnlich‹ in eins geschmolzen und zum ersten Male das Wort ›Welt‹ zum Schandwort gemünzt. In dieser Umkehrung der Werte (zu der es gehört, das Wort für ›Arm‹ als synonym mit ›Heilig‹ und ›Freund‹ zu brauchen) liegt die Bedeutung des jüdischen Volks: mit *ihm* beginnt der *Sklaven-Aufstand in der Moral*« (*Friedrich Nietzsche*, Jenseits von Gut und Böse 195, Werke III [Ullstein 2909], Frankfurt/M. u.a. 1976, 99).

---

86 Zu erinnern ist hier an die Fürbittengebete der Bekennenden Kirche für Inhaftierte während der Nazi-Herrschaft.

87 Vgl. 98,14: »Wehe euch, die ihr die Rede der Gerechten zunichte macht.«

88 95,3; 96,3; 102,4; 103,4; 104,6.

89 Das ist die bei weitem häufigste Bezeichnung der den mächtigen Reichen gegenüberstehenden Gruppe.

90 Die Beschreibung der elenden sozialen Situation in 103,9–15 gibt sich als Selbstaussage »der Gerechten«.

3. ». . . auch wenn du reich bist, wandle in Demut!«
»Demut« als Bescheidenheit der Bessergestellten

Im vorigen Abschnitt war deutlich geworden, daß dem Bereich »Demut« zugehörige Begriffe, die als soziale Bezeichnung unterer Schichten dienten, auch eine ethische Dimension gewinnen konnten. Immer
war dabei aber der ursprüngliche soziale Zusammenhang deutlich.
Nun sind Stellen zu besprechen, an denen dieser Zusammenhang gelöst ist. »Demut« wird als ein positiver ethischer Begriff aufgenommen, aber sein sozialer Ort ist nicht mehr unten.

a) Im Buch der Sprüche (Proverbien) begegnet er an einigen Stellen
innerhalb allgemeiner Lebensregeln.[91] So heißt es 15,33: »Furcht vor
Jahwe ist Zucht zur Weisheit, und vor der Ehre (steht) Demut
(עֲנָוָה).«[92] Der Nachsatz begegnet wortgleich in 18,12: »Vor dem Un-
tergang ist das Herz eines Mannes übermütig, doch vor der Ehre
(steht) Demut.« Inhaltlich bestimmt sich Demut hier aus der Parallelisierung mit Gottesfurcht und der Entgegensetzung zum Übermut; sie
dürfte damit als Bescheidenheit vor Gott und den Menschen zu beschreiben sein[93]. Intendiert ist »Ehre«. Es liegt auf der Hand, daß hier
nicht mehr die Verarmten und Gedemütigten im Blick sind, sondern
gutsituierte Bürger und deren gesellschaftliches Ansehen. Das macht
die Stelle 22,4 besonders deutlich, wo Demut und Gottesfurcht unmittelbar nebeneinanderstehen[94] und als ihr Lohn außer Ehre noch
Reichtum und Leben angegeben werden. Um die »Ehre« geht es auch
in 29,23. Gerade dem Bescheidenen, der sich nicht stolz und überheblich gebärdet, wird sie zufallen: »Der Hochmut eines Menschen wird
ihn erniedrigen, doch der Demütige (שְׁפַל־רוּחַ/ταπεινόφρονες) wird

---

91 Eine Ausnahme bildet Prov 30,14, wo von einer Menschenklasse gesprochen
    wird, »die Schwerter als Zähne hat und Messer als Backenzähne, um die Elen-
    den im Land und die Armen unter den Leuten zu fressen«. Was hier in relativ di-
    stanzierter Redeweise vorgetragen wird (vgl. auch den Kontext), gewinnt in
    Hab 3,14 bei ähnlicher Formulierung eine viel deutlichere Spitze, wenn von
    Gottes Eingreifen gegen solche Leute geredet wird: »Du durchbohrtest mit sei-
    nen Pfeilen sein Haupt, seine Scharen zerstoben wie Spreu, denn ihre Freude
    war, zu zerstreuen und zu fressen die Elenden im Verborgenen.«
92 Vgl. Sir 1,27.
93 Nach Plöger ist »Demut« in 18,12 »als Zeichen selbstkritischer Beurteilung« zu
    verstehen (213). – Vgl. auch 11,2.
94 Vgl. Plöger 251: »יִרְעַת יְהוָה, asyndetisch auf עֲנָוָה folgend, ist als Attribut aufzu-
    fassen: Der Lohn der auf Jahwefurcht gegründeten Demut.«

Ehre erlangen.« Die hier Redenden gehören nicht zu den Armen; sie gehören gewiß auch nicht zu den frevelhaften Reichen, von denen sie sich distanzieren. Die Rezeption des Demutsbegriffes, die Unterschiedenheit von den Armen und die Distanzierung von den Frevlern zeigt sich sehr schön in 16,19: »Besser demütig gesinnt sein (רוּחַ־שָׁפָל/ πραΰθυμος) mit den Niedrigen (עֲנִיִּים/ταπείνωσις) als Beute teilen mit den Hochmütigen.« Wird aber der in der Tradition positiv verstandene Demutsbegriff aufgenommen und dabei aus seinem sozialen Kontext gelöst und verallgemeinert, verliert er seine Spitze gegen die herrschende (Un-)Ordnung und wird zur Tugend wohlanständiger Bescheidenheit.

b) Das zeigt sich noch deutlicher im Buch Jesus Sirach.[95] Auch hier bekommt der Demutsbegriff dadurch seinen besonderen Akzent, daß sozial Bessergestellte im Blick sind; er wird sogar ausdrücklich mit Reichen unmittelbar in Zusammenhang gebracht.

An einer Stelle läßt sich eine gewisse Strukturparallelität mit Aussagen Plutarchs erkennen: »Alles, was auf dich zukommt, nimm an, und wenn sich dein Geschick zu deiner Erniedrigung (עֹנִי/ταπείνωσις) wendet, so übe Geduld. Denn im Feuer wird geprüft Gold und Menschen, die angenommen sind, im Schmelzofen der Erniedrigung (עֹנִי/ ταπείνωσις)« (2,4f). Angeredet wird nicht der Arme, sondern der Reiche, dessen Situation sich schicksalhaft verschlechtert. Auch dann gilt es, die bisherige »Gesinnung« nicht aufzugeben, sondern Gottvertrauen zu bewahren.

Aus seiner Tradition weiß der Verfasser, daß Gott die Niedrigen erhöht und die Hohen erniedrigt. Aber was dort Hoffnung der Armen war, wird hier zu einer Klugheitsregel für die Reichen: »Nicht sollst du herabblicken auf einen Menschen, der verbittert ist; denke daran, daß es einen gibt, der erhöhen und erniedrigen kann« (7,11). Der jetzt Niedrige könnte ja aufsteigen; und wie steht ihm gegenüber dann der da, der einst verächtlich auf ihn herabgeblickt hat?[96]

Die Verschiebung im Verständnis des Demutsbegriffs wird besonders deutlich in 3,17–20. Betrachtete man die Aussagen in V. 19f isoliert für sich, müßte man sie traditionell verstehen von den sozial Schwachen, die ihre Hoffnung auf Gott setzen: »Denn groß ist das Erbar-

95 Zu den Entstehungsverhältnissen (abgefaßt wahrscheinlich um 190 v.Chr. in Jerusalem) vgl. Sauer 488–490; Hengel 241–252.
96 Vgl. auch 10,14f; 11,4f.

men Gottes, und den Erniedrigten/Gedemütigten (עֲנָוִים/ταπεινοί)
offenbart er seinen Ratschluß. Denn groß ist die Gewalt des Herrn,
und von den Erniedrigten/Gedemütigten wird er verherrlicht.« Ein
solches Verständnis ist aber schon vom bisher angedeuteten Gesamt-
kontext des Buches unwahrscheinlich und wird vom unmittelbar vorangehenden Kontext ausgeschlossen. Denn in V. 17f wird ausdrücklich
der Reiche angesprochen: »Mein Sohn, auch wenn du reich bist,
wandle in Demut (עֲנָוָה/πραΰτης)[97], und du wirst geliebt werden mehr
als einer, der Geschenke austeilt. Halte dich geringer als alle großen
Dinge der Welt, und vor Gott wirst du Erbarmen finden.« Die Demut
als Tugend des Reichen bezeichnet daher dessen bescheidene Haltung.[98] So sind in V. 19f nicht die Erniedrigten und Gedemütigten im
Blick, sondern diejenigen Reichen, die ihre Machtmöglichkeiten nicht
skrupellos ausspielen, die sich vielmehr bescheiden zurückhalten.

> »Gibst du uns irdisch Glück ins Haus, / so schließ den Stolz, die Weltlust aus, /
> des Reichtums böse Gäste. / Denn wenn das Herz an Demut leer / und voll von eit-
> ler Weltlust wär, / so fehlte uns das Beste: / jene schöne, / tiefe, stille Gnadenfülle,
> die mit Schätzen / einer Welt nicht zu ersetzen« (*Philipp Spitta*, EKG 173,5).

Waren in der Tradition die Begriffe »Demütige« und »Frevler« sich
antagonistisch gegenüberstehenden Klassen zugeordnet, so können
sie nun – aus diesem sozialen Zusammenhang losgelöst und nur noch
ethisch verstanden – aus der Perspektive des Reichen zur Unterscheidung zwischen verschiedenen Armen gebraucht werden: »Gib dem
Guten und halte zurück vor dem Bösen, speise den Demütigen (מָךְ/
ταπεινός), aber gib nicht dem Frevler (רָ/ἀσεβής)!« (12,7).
Wie kräftig im Buch Jesus Sirach die Akzente anders gesetzt werden, tritt vor allem auch da zutage, wo Demut dem Reichen gerade in
der Gegenüberstellung zum sozial Schwachen zugeordnet wird. In 4,8
heißt es: »Neige dem Elenden (עָנִי/πτωχός) dein Ohr und erwide-
re (!) seinen Gruß in Demut/Bescheidenheit (עֲנָוָה/πραΰτης).« Demut
wird hier zur sich herablassenden Freundlichkeit, zur von oben ge-
währten Milde. Es geht um das Verhalten des Reichen zum Armen;
die Struktur des Verhältnisses zwischen ihnen bleibt unberührt. Der
ganze Abschnitt 4,1–10 gibt dem Wohlhabenden Anweisungen für

---

97 Wörtlich heißt es: »In deinem Reichtum sollst du in Demut wandeln.«
98 Vgl. auch 10,28.

seinen Umgang mit dem sozial Schwachen. Er soll ihn nicht in seinem Empfinden verletzen, ihn durch Gaben unterstützen und ihm vor Gericht gegen harte Bedränger beistehen. Die Perspektive der Wahrnehmung liegt hier zwar oben, aber das Elend der anderen wird gesehen, und es soll gemildert werden. Daß solches Handeln jedoch auch die Erhaltung des eigenen Status und damit die Erhaltung des Systems zum Ziel hat, ist in V. 5f angedeutet: »Auch sollst du ihm (sc. dem Armen) keine Möglichkeit geben, dich zu verfluchen. Wenn der Verbitterte in seinem Schmerz schreit, so wird auf die Stimme seines Schreiens der hören, der ihn gemacht hat.« Der Fluch wird oft die letzte Möglichkeit eigenen Handelns des Bedrückten gegen seinen Bedrücker gewesen sein. Dem Verelendeten nicht das letzte Hemd auszuziehen, sondern im Gegenteil seine Lage abzumildern, empfiehlt sich daher für den, der die Folgen seines Fluches fürchtet.[99] Zugespitzt könnte man formulieren: Was in den Texten, die in den ersten beiden Abschnitten dieses Teiles besprochen wurden, den Gedemütigten als Hoffnung zugesagt worden war, nämlich die radikale Änderung der gesellschaftlichen Verhältnisse, das gilt es hier gerade durch die »Demut« der Begüterten, ihre Bescheidenheit und Milde, abzuwehren.

Der in den eben behandelten Texten des Buches Jesus Sirach angesprochene Reiche wird selbstverständlich nicht den »Frevlern«, »Übermütigen« und »Gewalttätern« zugerechnet. Die Devise des Verfassers lautet vielmehr: »Gut ist Reichtum, wenn keine Schuld damit verbunden ist« (13,23). Die Frage ist nur, ob er mit seiner Orientierung an der integren Einzelperson nicht strukturell bedingtes Unrecht übersieht. Er stellt zwar fest: »Gesellt sich etwa ein Wolf zum Lamm? So verhält es sich auch mit dem Frevler bezüglich des Gerechten. So verhält es sich auch mit dem Reichen in bezug auf den Mann, dem Gut versagt blieb. Gibt es etwa Frieden zwischen einer Hyäne und einem Hund? Nicht gibt es Frieden zwischen einem Reichen und einem Armen. Die Speise eines Löwen sind die Wildesel der Steppe, so sind auch des Reichen Weideplatz die Armen« (13,16–18).[100] Beschei-

---

99 Keine Angst vor dem Fluch Unterdrückter zeigt sich im »Prediger Salomo«: »Nimm auch nicht zu Herzen alles, was man sagt, daß du nicht hören müssest, wie dein Sklave dir flucht« (Koh 7,21). – Wie sehr im Buch Sirach die Rücksicht gegenüber dem Armen das eigene Wohl im Auge hat, wird auch 7,32 deutlich: »Und auch dem Armen reiche die Hand, auf daß dein (!) Segen vollkommen sei.«

100 Vgl. auch die weiteren kritischen Beobachtungen in V. 20–22.

denheit und Milde sind daher nicht gerade die Art eines Reichen: »Ein Greuel für den Stolz ist die Demut (עֲנָוָה/ταπεινότης), und ein Greuel für den Reichen ist der Arme« (13,19). Die Vergleiche des Gegenübers von Reichen und Armen mit Erscheinungen in der Natur zeigen an, daß die für den Armen als hart wahrgenommenen Verhältnisse doch auch als »natürlich« und damit unveränderlich angesehen werden. Die als Bescheidenheit und Milde verstandene Demut ist die dann in dieser Struktur noch mögliche Praxis der Reichen zugunsten der Armen.

4. ». . . zurechtzuweisen ein jeder seinen Nächsten in . . . Demut« Die Rezeption der Demutstradition in Qumran

Ein differenzierter Gebrauch des Begriffes »Demut« bei einheitlicher Perspektive zeigt sich in den Qumrantexten.[101] Zunächst ist festzuhalten, daß sie die in den beiden ersten Abschnitten dieses Teiles dargestellte Tradition aufnehmen. So heißt es in 1QH V 20–22 am Beginn eines Psalms: »Gepriesen seist Du, Herr! Denn du hast nicht verlassen die Waise und den Geringen (רָשׁ) nicht verachtet . . . Und mit den Gedemütigten/Demütigen (עֲנָוִים) bist Du, wenn ihre Füße versinken, mit denen, die Gerechtigkeit fürchten, um empor zu führen aus dem Getümmel alle Armen der Gnade (אֶבְיוֹנֵי חָסֶד).« Die Nebeneinanderstellung der Waise und des Geringen weist in den sozialen Bereich; und auch die nähere Kennzeichnung der Gedemütigten/Demütigen macht deutlich, daß sie sich in einer schwierigen (materiellen) Situation befinden.[102] Zugleich sind sie aber diejenigen, »die Gerechtigkeit fürchten«. So wird die abschließende Bezeichnung »alle Armen der Gnade« beide Aspekte, den sozialen und den ethischen, umfassen. Im Blick sind die Armen, die unter dem Schutz der Gnade Gottes stehen und die ihrerseits ganz und gar auf diese Gnade vertrauen. Im folgenden Text ist aber eine Einzelperson, »der Lehrer der Gerechtigkeit«, der Gründer der Qumrangemeinde, als Beter des Psalms im Blick.[103] Der Zusammenhang ist dann so vorzustellen, daß er die eigene Erfah-

---

101 Vgl. Grundmann 12.
102 Die Übersetzung »wenn ihre Füße versinken« ist unsicher; Lohse setzt ein Fragezeichen. Vgl. auch Jeremias 226 Anm. 8 und 9. Sicher dürfte allerdings sein, daß eine Notsituation gekennzeichnet werden soll.
103 Zum »Lehrer der Gerechtigkeit« vgl. das so betitelte Buch von Jeremias, zu diesem Psalm S. 226–244.

rung in dieser Tradition wiederfindet, daß er sich selbst als von Gott
gehaltenen Armen und Demütigen erfährt. Das ist noch deutlicher in
dem vorangehenden Psalm. Auch hier ist der Beter »der Lehrer der
Gerechtigkeit«, der sich nicht nur als Gottes Knecht bezeichnet (V
15), sondern auch als »Elenden« (עָנִי; 13), als »Elenden und Geringen«
(עָנִי וָרָשׁ; 14) und als »Armen« (אֶבְיוֹן; 16.18). Gott hat ihn aus schwerer
Bedrängnis gerettet »am Ort der Löwen« (13), »um ihre Zähne herum
verschlossen gehalten«, damit sie ihn nicht zerrissen (14). Seine Lei-
denserfahrung versteht er als Läuterung durch Gott (16).[104] Im Hintergrund stehen hier die Vorgänge, die zur Entstehung der Qumrangemeinde führten: die Verdrängung des »Lehrers der Gerechtigkeit«,
einer hochgestellten priesterlichen Persönlichkeit, vom Tempel in Jerusalem durch den Hohenpriester Jonatan (153–143 v.Chr.) und der
Rückzug dieses Lehrers mit seinen Anhängern in die Wüste.[105] »Die
Frevler« der Tradition werden daher mit dem »Frevelpriester« Jonatan und seinem Anhang identifiziert.[106] In 1QpHab XII ist dreimal
vom »Frevelpriester« die Rede, der »Armen« (אֶבְיוֹנִים) Übles getan
(2f), ihre Vernichtung geplant (6) und ihren Besitz geraubt hat (9f).[107]
Und in 1QH II 35f bekennt der »Lehrer der Gerechtigkeit«: »Du hast
mein Leben aus der Hand der Mächtigen errettet und mich durch ihre
Schmähungen nicht verzagt werden lassen, den Dienst für Dich aufzugeben aus Furcht vor dem Terror der Frevler.«

Die Erfahrung, aus Jerusalem vertrieben worden zu sein, was sehr
konkret auch Verarmung bedeutete, und die Erfahrung der Konsoli-
dierung der Gemeinschaft in der Wüste trotz fortgesetzter Anfein-
dungen bilden die Voraussetzung dafür, daß die Armuts- und De-

---

104 Vgl. zu diesem Abschnitt des Psalms Jeremias 224f, zum ganzen Psalm Lich-
     tenberger 61–66. – Eine sachliche Parallele liegt 1QH II 32–35 vor: »Und aus
     der Gemeinde derer, die glatte Dinge suchen, hast Du das Leben des Armen
     (אֶבְיוֹן) errettet, den sie vernichten wollten, sein Blut zu vergießen wegen des
     Dienstes für Dich . . . Aber Du, mein Gott, hast dem Leben des Elenden und
     Geringen (עָנִי וָרָשׁ) geholfen aus der Hand dessen, der stärker war als er.«
105 Zur »Entstehung der Qumrangemeinde« vgl. vor allem das gleichnamige Buch
     von H. Stegemann passim, besonders S. 198–252.
106 Vgl. dazu Jeremias 36–78; Stegemann 95–115.
107 Vgl. 4QpPs 37 IV 8. – Elliger betont zu 1QpHab XII, »daß die אֶבְיוֹנִים immer
     ohne Artikel erscheinen; das Wort ist also Bezeichnung für eine mehr oder we-
     niger scharf umrissene Gruppe, aber nicht terminus technicus, nicht Name«
     (87; vgl. 222). – Die im folgenden genannten Stellen aus 4QpPs 37 machen es
     aber eindeutig, daß die Selbstbezeichnung einer Gruppe vorliegt und nicht
     »der größere Kreis« im Blick ist, aus dem sie sich rekrutiert.

mutstradition aufgenommen werden konnte. So kann diese Gemeinschaft die Aussagen von Ps 37 unmittelbar auf sich bezogen verstehen.[108] Was dort über die Gedemütigten/Demütigen (עֲנָוִים) und den
Gerechten (צַדִּיק) gesagt ist, meint daher sie selbst als »Gemeinde der
Armen« (עֲדַת הָאֶבְיוֹנִים; II 8f; III 9f). So wird aus der Bezeichnung einer
sozialen Schicht die Selbstbezeichnung einer Gruppe.

An zwei Stellen hat diese Gruppe den Demutsbegriff in einer sehr
eigenartigen Weise aufgenommen. In 1QS IX 22f wird in einem Vergleich von einem Sklaven gesprochen, der sich selbst und die Arbeit
seiner Hände seinem Herrn als Besitz überlassen muß und ihm gegenüber »Demut« (עֲנָוָה) übt. Das entspricht genau griechischer Tradition: Der Sklave muß sich von seiner Stellung her ducken und hat so
auch eine sklavische Haltung – Demut als Duckmäuserei des Niedrigen vor dem Hohen. Diese von »oben« erfolgte verächtliche Charakterisierung des Sklaven wird hier nun »unten« als positives Beispiel
aufgenommen und den Mitgliedern der Gemeinschaft zur Nachahmung gegenüber Andersgesonnenen, von denen sie abhängen, ange-
raten, um ihren Haß gegen sie verbergen und erhalten zu können[109]:
»ewiger Haß gegen die Männer der Grube im Geist des Verbergens«
(21f). In derselben Weise ist es wohl zu verstehen, wenn in 1QS XI 1f
geboten wird, »in Demut (עֲנָוָה) zu antworten den Hochmütigen und
mit zerknirschtem Geist den Bedrückern, die mit dem Finger deuten,
Lüge reden und Reichtum erwerben«.

Ein ganz neuer Aspekt im Verständnis von Demut liegt vor, wenn
sie nicht ein Verhalten zwischen Niedriggestellten und Höhergestell-
ten beschreibt, sei es als Unterwürfigkeit auf der einen und Bescheidenheit und Milde auf der anderen Seite, sondern wenn sie in Gegenseitigkeit zur Auswirkung kommen soll. Den Rahmen bildet hier die
klosterähnliche Gemeinschaft. In dem Abschnitt 1QS V 1–7, der die
Mitglieder auf die Gemeinschaft verpflichtet und einzelgängerisches
Abirren verurteilt, stehen neben Demut und demütigem Wandel in einer Reihe noch Treue, Eintracht, Gerechtigkeit, Recht und herzliche
Liebe. Demut dürfte damit besonders die willige Einordnung in die

---

108 Vgl. 4QpPs 37 passim; zur Auslegung von Ps 37,8–11 in II 1–11 Lichtenberger
    156–158.
109 Dieser Aspekt der Tarnung wird von Awerbuch 462,30 verkannt, wenn sie in
    dieser und der gleich noch zu nennenden Stelle »die Forderung nach völliger
    Selbstentsagung« erkennt. Die »Selbstentsagung« ist lediglich das durch die
    Verhältnisse erzwungene Mittel, um die eigene Identität bewahren zu können.

Gruppe unter Zurücksetzung individueller Interessen bezeichnen, die Loyalität gegenüber der Gemeinschaft. Im Fortgang des Textes wird in V 24f dazu gemahnt, »zurechtzuweisen, ein jeder seinen Nächsten in Wahrhaftigkeit, Demut und herzlicher Liebe untereinander«. Nach diesem Zusammenhang, für den zwar nicht Gleichheit[110], wohl aber Gegenseitigkeit konstitutiv ist, macht die Demut die Zurechtweisung wirklich zur brüderlichen und verhindert es, daß sie »von oben herab« erfolgt.

---

110 Die Qumrangemeinschaft ist hierarchisch gegliedert; vgl. 1QS II 19–26 und im Zusammenhang der eben herangezogenen Stellen V 2 und vor allem V 23f. Durch diese Struktur dürfte Demut faktisch doch immer wieder die Gestalten von Herablassung und Unterwürfigkeit angenommen haben. – Einen instruktiven Forschungsüberblick über das Problem der »Armenfrömmigkeit« im Alten Testament und Judentum mit Angabe der Desiderate bietet Lohfink. Darauf sei hier nachdrücklich hingewiesen.

». . . und erhöht die Niedrigen«
Gottes Option für »Demut« in urchristlicher Tradition

Wie das Urchristentum überhaupt außer von der alttestamentlich-jüdischen Tradition auch von der griechisch-hellenistischen beeinflußt
worden ist, wobei sich im hellenistischen Judentum beide Bereiche
schon vorchristlich verbunden hatten, so gilt das auch speziell für das
Reden von »Demut«. Im folgenden sollen einige Stationen der Rezeption dieses Begriffs und seiner Entwicklung im Urchristentum nach-
gezeichnet werden. Dabei zeigt sich einmal, daß das, was den Begriff
»Demut« heute so suspekt macht – das vorrangige Verständnis als Untertänigkeit und serviler Gehorsam –, sich schon Ende des ersten Jahrhunderts abzeichnet; es zeigt sich aber zum anderen, daß die urchrist-
liche Tradition im wesentlichen von der alttestamentlich-jüdischen geprägt ist, wie sie in den beiden ersten Abschnitten des vorigen Hauptteils besprochen wurde.

1. »Hierher! Zu mir, Geknechtete . . .«
Gottes Solidarität mit den Gedemütigten

a) Eine pointierte Neuaufnahme der alttestamentlich-jüdischen Tradition liegt in dem Stück Mt 11,28–30 vor.[1] Es zeigt eine deutlich erkenn-
bare Struktur. Sie soll durch den kolometrischen Abdruck einer möglichst wörtlichen Übersetzung sichtbar gemacht und anschließend be-

---

1 Ich verzichte auf die Diskussion, ob diese Verse mit den vorangehenden ursprünglich zusammengehören oder nicht, und gehe davon aus, was nach
Wilckens, σοφία 517 Anm. 357, nahezu Konsens ist: »Die ursprüngliche Selbständigkeit von V. 28–30 wird heute fast überall angenommen.« Vgl. auch Strek-
ker 172f sowie Gnilka, Matthäusevangelium 432f, dessen überlieferungsge-
schichtliche Auflösung der Einheit V. 28–30 (433) allerdings nicht begründet ist.

schrieben werden, um von da aus weitere Fragestellungen zu gewinnen.

1 »Kommt her zu mir, alle sich Plagenden und Belasteten!
2   Und ich will euch ausruhen lassen.
3 Nehmt mein Joch auf euch, und lernt von mir!
4   Denn ich bin sanftmütig und von Herzen demütig.
5   Und ihr werdet Ruhe finden für eure Seelen.
᾿ 6   Mein Joch nämlich ist angenehm und meine Last leicht.«

Die Grundstruktur bilden zwei Imperative (1.3). Der erste fordert eine bestimmte Personengruppe auf, zum Sprecher des Textes zu kommen; der zweite präzisiert den ersten mit der Mahnung dieses Sprechers, sein Joch zu übernehmen und von ihm zu lernen. Beiden Imperativen ist eine Verheißung zugeordnet (2.5), dem ersten unmittelbar, dem zweiten erst nach einer Begründung. Beide Verheißungen sind inhaltlich identisch. Nach der ersten will der Sprecher das Verheißene den Angeredeten verschaffen; nach der zweiten werden sie es finden, wenn sie seiner Mahnung nachkommen. Auf den zweiten Imperativ folgen, durch die zweite Verheißung voneinander getrennt, zwei Begründungen (4.6), die inhaltlich ebenfalls einander entsprechen. Die erste charakterisiert das Wesen des Sprechers, die zweite die Art seines Joches. Mit dem Wort »Joch« stellt die abschließende Begründung (6) einen Rückbezug auf den zweiten Imperativ (3) her, wo es auch begegnet, darüber hinaus auf den ersten Imperativ (1), da mit den dort erwähnten »Belasteten« ebenfalls die Vorstellung des Joches verbunden ist. Durch die »Belasteten« ist weiter ein Bezug der ersten Zeile auf die am Schluß der letzten Zeile erwähnte Last des Sprechers gegeben. Bewußte Gestaltung zeigt sich auch im Subjektwechsel der einzelnen Zeilen. Auf die 2.pers.plur. in der ersten, dritten und fünften Zeile folgen in der zweiten und vierten jeweils die 1.pers.sing., in der letzten die 3.pers.sing. mit dem Possessivpronomen der 1.pers.sing. Die Verse Mt 11,28–30 erweisen sich somit als ein durchkomponiertes Stück, in dem ein durch die Begründungen qualifizierter Sprecher eine bestimmte Personengruppe mahnt und ihr eine Verheißung gibt. Von daher ergeben sich als weitere Fragen: Wer sind die angeredeten Personen? Wodurch ist der Sprecher qualifiziert? Wozu fordert er auf? Was verheißt er? Dabei wird dann auch gefragt werden müssen, ob sich die Person des Sprechers identifizieren läßt.

Die angeredeten Personen werden zuerst »sich Plagende« (οἱ κοπιῶντες) genannt. Das griechische Wort bezeichnet in seinem unmittelbaren und nächstliegenden Verständnis solche Leute, die harte Arbeit leisten müssen, die sich abmühen und abrackern, die sich in angestrengter Arbeit verausgaben und erschöpfen und davon müde werden. Nach Adolf Schlatter »(hängt) an κοπιᾶν die Vorstellung . . . ›Arbeit leisten‹ mit dem Nebengedanken, daß die Arbeit anstrenge und ermüde, so daß aus dem Einsatz der Kraft die Ermattung entstehe«.[2] Gewiß kann dieses Wort auch in einem übertragenen Sinn verstanden werden, aber das müßte dann in irgendeiner Weise angedeutet sein. Das ist hier nicht der Fall. Wenn sich von den folgenden Aussagen her keine Einwände erheben, muß daher versucht werden, den Text im üblichen Sinn dieses Wortes zu verstehen, der harte Arbeit meint, Handarbeit.[3] In sozialer Hinsicht sind also Menschen aus der Unterschicht im Blick.

Dasselbe gilt für den zweiten die angeredeten Personen kennzeichnenden Begriff, den keinerlei Zusatz in eine andere Richtung weisen läßt. Die »Belasteten« (οἱ πεφορτισμένοι) sind solche, die schwere Lasten zu schleppen haben, wörtlich und ursprünglich die Lastträger. Es ist daher durchaus angemessen, wenn ein Ausleger im Blick auf die hier Angeredeten von den »Ausgesogenen und Gedemütigten« spricht[4] und wenn Walter Jens die erste Zeile des Abschnittes in dieser Weise übersetzt: »Hierher! Zu mir, Geknechtete: eingespannt in das Joch, wie ihr seid, und erschöpft von der Last!«[5] Mit der Erwähnung der Lastträger ist auch die Vorstellung des Joches gegeben; denn sie tragen ihre Lasten mit Hilfe eines Joches. Das »Joch« enthält zudem immer auch den Gedanken von ausgeübter Herrschaft[6], sei es im un-

---

2 385. Allerdings interpretiert auch Schlatter den Text gleich anschließend von Mt 23,4 her, bezieht das Reden von Joch und Last also aufs Gesetz. Zu dieser verbreiteten Deutung vgl. den zweiten Absatz des folgenden Exkurses.
3 Für ein wörtliches Verständnis von Mt 11,28–30 vgl. auch Berger 127.
4 Bammel 908,3.
5 45. Vgl. auch Percy 110: »Das Wahrscheinlichste scheint mir . . . zu sein, dass in unserem Logion an solche gedacht ist, die überhaupt von der Last mühsamer Arbeit bedrückt werden; ihnen schenkt Jesus durch sein Joch, das Joch des von ihm verkündigten Gottesreiches mit seiner Gabe und seinen Forderungen eine Erquickung, die ihnen auch die irdischen Lasten tragen hilft.«
6 Vgl. Schweizer, Matthäus 177: »Beim Joch ist wahrscheinlich nicht nur an das im Alltag verwendete zu denken, das der Lastträger auf seine Schultern legt, um die rechts und links davon herabhängenden Gefäße zu tragen, sondern an das Joch, das ein Eroberer den Besiegten auferlegt.« Arvedson 174: »Es hat vermutlich in allen Zeiten und in allen Teilen der Welt nahegelegen, das Joch als Bild der

mittelbar wirtschaftlichen Bereich im Blick auf den, der über den Lastträger verfügt, oder sei es auch im großen politischen Bereich. In der
im zweiten Hauptteil zitierten Klage der Bedrängten aus Henochs
Epistel ist dieser Zusammenhang ausdrücklich ausgesprochen.[7]

Von letzterem her versteht Luise Schottroff Mt 11,28-30: Das Volk leidet unter
gewalttätiger Machtausübung.[8] »Die Situation des Volkes wird im Heilandsruf Jesu als eine Notlage beschrieben, die von gewaltsamer Herrschaft verursacht ist und
die Menschen in eine Lage versetzt, die mit der Überanstrengung harter körperli-
cher Arbeit zu vergleichen ist.«[9] Daran ist gewiß richtig, daß die politische Dimension nicht ausgeklammert werden darf. Doch was berechtigt dazu, die »harte körperliche Arbeit«, von der der Text spricht, lediglich als einen Vergleichspunkt zu
betrachten? Die ausgeübte Herrschaft – sei es die der römischen Provinzialverwal-
tung oder die einheimischer Vasallen von Roms Gnaden – hat sich ja nicht zuletzt
durch vielerlei Abgabenforderungen gerade in verschärfter Arbeit manifestiert. Es
dürfte daher angemessen sein, für das Verständnis der »sich Plagenden und Belasteten« bei der ursprünglichen Bedeutung harter und abhängiger Arbeit zu bleiben.

Die übliche Auslegung von Mt 11,28-30 geht allerdings in eine ganz andere
Richtung. Sie versteht Last und Joch von Last und Joch des Gesetzes.[10] Dafür wird
einmal innerhalb des Neuen Testaments auf Mt 23,4 und Act 15,10.28f hingewiesen.[11] In Mt 23,4 heißt es von »den Pharisäern und Schriftgelehrten« im Blick auf
die von ihnen gemachten gesetzlichen Vorschriften: »Sie binden schwere und kaum
tragbare Lasten und legen sie den Leuten auf die Schulter, selbst aber mögen sie sie
mit keinem Finger bewegen.« Nach Act 15,10 spricht Petrus vom Mosegesetz (V. 5)
als einem Joch, das den Jüngern nicht auf den Nacken zu legen ist, »das weder unsere Väter noch wir zu tragen vermochten«; und daher sollen nach 15,28f die Hei-
denchristen nur bestimmte Mindestvorschriften halten, ihnen aber sonst »keine
weitere Last auferlegt werden«. Zum anderen werden jüdische Texte angeführt, die
vom Joch des Gesetzes oder der mit dem Gesetz identifizierten Weisheit sprechen.

Knechtschaft zu gebrauchen.« – Vgl. in bezug auf »Last« auch Dion Chrys.
34,41, der im Blick auf die im Statthalter verkörperte römische Herrschaft
schreibt: »Ich denke, es verhält sich da wie mit einer Last. Drückt sie allzusehr
und können wir sie nicht mehr tragen, suchen wir sie so schnell wie möglich
abzuwerfen; werden wir aber maßvoll belastet und sehen wir die Notwendigkeit, entweder diese oder eine andere größere zu tragen, sorgen wir dafür, daß
sie möglichst leicht aufliegt. So hält es eine vernünftige Bürgerschaft.«

7 S.o. S. 55.
8 Volk 161f.
9 Ebd. 162.
10 Vgl. z.B. Grundmann, Matthäus 317: »Alle, die sich abmühen und Lasten tragen, sind eingeladen. Damit sind die unter der Handhabung des Gesetzes durch
die Schriftgelehrten Leidenden gemeint.«
11 »Fast alle Forscher sind darin einig, daß die ›Beladenen‹ nach Mt 23,4 = Lk
11,46 als die von den pharisäischen Gesetzesverschärfungen Belasteten zu deuten sind« (Christ 111).

Es sei hier nur auf das Loblied auf die Weisheit in Sir 51,13–30 hingewiesen, in dem
es in V. 25f heißt: »Kauft euch Weisheit ohne Geld! Euren Nacken beugt unter ihr
Joch, und tragt ihre Last!«[12] Gegenüber der auf diesen Texten basierenden Annahme, auch in Mt 11,28–30 sei das Gesetz im Blick, ist jedoch mit Schottroff festzustellen, daß überall da, wo das Reden von Joch und Last das Gesetz oder gesetzli-
che Vorschriften meint, das auch ausdrücklich gesagt wird oder sich eindeutig aus
dem Kontext ergibt; das ist hier nicht der Fall.[13] Zumindest für das vormatthäische
Traditionsstück gibt es keinerlei Hinweis auf ein solches Verständnis.[14]

Als erster Punkt ist daher festzuhalten, daß die für die angeredeten
Personen gebrauchten Begriffe abhängig arbeitende Menschen bezeichnen, die sich für die Gewinnung ihres kärglichen Lebensunter-
haltes bis zur Erschöpfung abrackern müssen.[15]
Der sie anredende Sprecher erklärt sich als ihnen zugehörig, indem
er sich als »sanftmütig und von Herzen demütig« bezeichnet. Diese
Übersetzung ist wohl nicht präzis genug, wenn man auf die hier auf-
genommene Tradition achtet. Die Nebeneinanderstellung der beiden
Begriffe (πραΰς und ταπεινός) macht es evident, daß der erste nicht
im Sinne der griechisch-römischen Tradition verstanden sein kann, wo
πραΰτης/*clementia* die Herrschertugend bezeichnet.[16] Es geht nicht

12 Für den Vergleich mit Sir 6 und 51 vgl. die Zusammenstellungen bei Christ 112f,
nach dem »doch wohl eine ›Reminiszenz‹ an Sir . . . als wahrscheinlich gelten
(darf)«. Trotz dieser nur kärglichen Ausbeute folgert er unmittelbar anschließend: »Jesus identifiziert sich also mit der sirazidischen Weisheit Gottes« (113).
13 Volk 161f. Selbst im Sirachbuch bedeutet »Joch« nicht ohne weiteres das Gesetz. In 40,1 bezeichnet es ganz allgemein das menschliche Schicksal. Absoluter
Gebrauch von »Joch« im Blick auf das Gesetz findet sich mAv VI 6; SifDev
§ 93.
14 Für die Ebene des Matthäusevangeliums kann das nicht mit derselben Sicherheit gesagt werden; nach Schottroff, Volk 162, »(mag) Mt 11,28f . . . die Last
pharisäischer Herrschaftsansprüche *mit*meinen«. Dafür spricht außer Mt 23,4
auch der folgende Kontext in 12,1–14, der Jesus in Sabbatkonflikten zeigt.
15 Daß hier *nur* »die sich Plagenden und Belasteten« angeredet sind, muß angesichts des neuen Kommentars zum Matthäusevangelium von Gnilka eigens betont werden. Dort heißt es: »Die große Einladung ergeht an alle, besonders die
Mühseligen und Beladenen« (439; vorher schon ganz ähnlich auf S. 432).
16 Vgl. o. S. 20 mit Anm. 25; weiter Dihle, der im Zusammenhang der Darstellung
des sich in der philosophischen Ethik herausbildenden »Ideals der Kosmopo-
lis« (739) feststellt: »Diese fortschreitende Anschauung der Gleichberechti-
gung aller Menschen (wenigstens in der Theorie) vollzieht sich jedoch nicht, indem die Forderung nach Selbstverkleinerung der Hohen und Selbstbewußten
Boden gewinnt . . . Nicht zufällig bezeichnen . . . Wörter wie ἡσιότης, ἐπιείκεια, clementia, comitas seit alters gerade die vom Fürsten geforderten Eigenschaften, der sich in vollem Bewußtsein seiner Macht und Würde freundlich
herabläßt, nicht aber erniedrigt« (740).

darum, daß eine »harte« Herrschaft durch eine »humane« abgelöst wird.[17] πραΰς und ταπεινός stehen in der Septuaginta nebeneinander als Übersetzung von עָנִי וָדָל[18]. Damit werden die Verarmten und Gedemütigten bezeichnet, die ihre Situation bewußt annehmen, ihre Hoffnung auf Gott setzen, sich dem Gewaltzusammenhang entziehen und eine gegenüber den Gewalttätern andere Praxis des Rechts und der Gerechtigkeit üben. Als einer von ihnen stellt sich der Sprecher hier vor.[19] Diese Zugehörigkeit wird durch die Hinzusetzung der Worte »von Herzen« zu »demütig« als bewußt bejahte unterstrichen.[20]

Der Sprecher fordert die angeredeten Personen auf, zu ihm zu kommen, sein Joch auf sich zu nehmen und von ihm zu lernen. Als ursprünglicher Ort dieser Forderung scheint die Nachfolge Jesu am besten denkbar zu sein. Jesus ruft hier aus bedrückten und bedrückenden Lebensverhältnissen heraus in seine Nachfolge, in die neue Gemeinschaft seiner Jünger, die sich den Ausbeutungs- und Herrschaftsverhältnissen entzieht und in der diese Verhältnisse keine Geltung mehr haben.[21] Anders als die in Henochs Epistel sprechenden Bedrängten, die feststellen müssen: »Wir fanden keinen Ort, wohin wir fliehen und uns vor ihnen retten konnten«[22], kann Jesus hier mit seiner Jüngerschaft einen solchen Ort angeben. Es mag überraschend erscheinen, daß die ohnehin schon Unterjochten, die Jochträger, die doch gerade aus ihrer Situation herausgerufen werden, wiederum ein

---

17 So jedoch Klostermann 104. Kaum eine Herrschaft versteht sich selbst nicht als human.

18 Vgl. o. S. 45f mit Anm. 43.

19 Die Feststellung von Christ 116: »Die Sanftmut Jesu paßt aufs beste zu Jesus als der Weisheit« ist eine glatte Übertreibung. Die Kennzeichnung des Sprechers als πραΰς καὶ ταπεινὸς τῇ καρδίᾳ sperrt sich im Gegenteil gegen eine weisheitliche Interpretation, die Christ 115f nur gekünstelt gelingt.

20 Vgl. Schlatter 387: »Für sich allein beschreibt ταπεινός nicht eine Beschaffenheit des Willens, sondern den Zustand der Machtlosigkeit, wie sie ein eng beschränkter Stand des Lebens erzeugt . . . Darum tritt τῇ καρδίᾳ an ταπεινός an, damit diese Beschränktheit und Einengung nicht nur als Zwang von außen her durch die fehlenden Machtmittel entsteht, sondern als innerlich bejaht und gewollt beschrieben sei.« Vgl. weiter Grundmann, ταπεινός 20f. Die Wendung begegnet auch in dem Septuagintazusatz Dan 3,87: εὐλογεῖτε, ὅσιοι καὶ ταπεινοὶ τῇ καρδίᾳ, τὸν κύριον. Zur Zusammenstellung von πραΰς und ταπεινός bzw. der entsprechenden Äquivalente im Judentum vgl. Grundmann 14,17–20.

21 Vgl. dazu Wengst, Pax 76–85.

22 ÄthHen 103,13; vgl. dazu o. S. 56.

Joch auf sich nehmen sollen.[23] Es wird hier offenbar aus einer Perspektive von Menschen formuliert, die sich gar kein anderes Leben als eins unter dem Joch vorstellen können. Geht es also doch wieder um Herrschaftsausübung? Aber das Besondere dieser Aufforderung Jesu ist, daß der unter sein Joch ruft, der – indem er sich zu Erniedrigten und Gedemütigten hält – selbst niedrig und demütig, ihnen solidarisch ist. Von ihm zu lernen, kann dann nur heißen, Solidarität zu lernen. Mit der Rede vom Joch wird zwar noch Herrschaftssprache aufgenommen, aber die Herrschaft selbst faktisch aufgehoben.[24] So kann das Joch auch nur paradox als »nicht drückend«[25] bezeichnet werden und die Last als leicht. Es ist nicht so, als gäbe es jetzt nichts mehr zu tun und zu tragen, aber in der Solidarität untereinander werden die Lasten erträglich, weil jeder von der geschwisterlichen Gemeinschaft getragen wird.

Daher kann Jesus den bis zur Erschöpfung Ausgesogenen Erholung versprechen. »Ich will euch ausruhen lassen.« »Ihr werdet Ruhe für euch[26] finden.« So lautet die Verheißung des Rufes in die Nachfolge. Sie ist von elementarer Einfachheit und entspricht antithetisch der unvermittelten Direktheit der Belastung. Wer ständig bis zur Erschöpfung arbeiten muß, hat als dringlichsten Wunsch, ausruhen zu können.[27] »Die Befreiung aus leiblichen und seelischen Nöten, Mühen und Belastungen aller Art gehört . . . zu der eschatologischen Bot-

---

23 Nach Christ »erinnert der Imperativ ›Nehmt mein Joch auf euch!‹ sofort an die Weisheit« (109). Außer der formalen Nähe führt er als Begründung an: »Vor allem aber läßt sich die doppelte Bedeutung der Wendung ›mein Joch‹ nur von der Weisheitstradition her erklären: ›mein Joch‹ ist zugleich das Joch, das Jesus ist, und das Joch, das Jesus auferlegt« (ebd.). Diese Argumentation beruht jedoch auf der Voraussetzung, daß das Joch als Gesetz und Jesus als »das neue Gesetz« (107) zu verstehen sind.

24 Vgl. Schottroff, Volk 161: »Sein Joch ist das Ende des Unter-dem-Joch-Seins.«

25 χρηστός ist mit Luthers altertümlichem »sanft« an dieser Stelle treffend übersetzt. Es läßt sich heute ähnlich präzis wohl nur negativ wiedergeben. So übersetzt Jens mit »nicht hart« (46).

26 Wörtlich heißt es: »für eure Seelen«. Daß es hier jedoch nicht um ein abstraktes »Seelenheil« geht – von »Seelenruhe« spricht Rehrl, Problem 177 –, machen die die reale Arbeitswelt so klar ansprechenden Benennungen der Angeredeten deutlich. »›Für eure Seelen‹ meint die Person des Menschen und kann mit ›für euch‹ wiedergegeben werden« (Grundmann, Matthäus 318). ψυχή entspricht hier נֶפֶשׁ als Bezeichnung der Person. Diese Annahme liegt um so näher, als ein Zitat aus Jer 6,16 vorliegt. Vgl. Jacob 616f; Schweizer, ψυχή 638.

27 Vgl. äthHen 103,13 und dazu o. S. 56. Was dort als nicht erreichbar erschien, nämlich Ruhe zu finden, wird in der Nachfolge Jesu gewonnen.

schaft Jesu und ist unmittelbar Gegenstand seines Wirkens. Darum wird der Ruf die unter solchen Lasten Seufzenden« nicht nur »einbeziehen«[28], sondern hier gerade und nur sie als Adressaten haben.

Die zweite Verheißung ist Zitat aus Jer 6,16.[29] Im Kontext geht es dort gegen die falsche Behauptung von Frieden, wo doch im sozialen Leben Gewinnsucht, Betrug und Ausbeutung herrschen. Friede ist nur dort, wo Wort und Weisung Gottes beachtet werden, wo die Gewalttat aufhört und die Bedrückten zu ihrem Recht kommen. In Jer 6,16 steht die Verheißung der Ruhe in einer Gottesrede. Sie gilt denen, die sich an »der heiligen Tradition der ›Vorzeit‹« orientieren, die »der Treueverpflichtung des Volkes gegenüber Jahwe« nachkommen.[30] Mt 11,28–30 verspricht Jesus die Ruhe denen, die zu ihm kommen und von ihm lernen. In seiner Nachfolge wird »der Weg des Heils« (Jer 6,16) beschritten. Hier zeigt sich ein hoher Anspruch. Im Blick auf die Form spricht Jesus ähnlich wie die Weisheit in Prov 8. Sie lockt und mahnt in V.4: »Euch, ihr Männer, gilt meine Predigt, an die Menschenkinder ergeht mein Ruf. O ihr Einfältigen, lernet Klugheit, ihr Toren, nehmet Verstand an!«[31] Es ist deutlich, daß hier »von oben herab« belehrt und gerufen wird. Dem entspricht es, daß die Verheißung in »Reichtum und Ehre« besteht (V.18.21). Jesus verheißt den Armen nicht Reichtum, sondern darin das Reich Gottes, daß die Hungernden satt werden und die Weinenden lachen (Lk 6,20f). Entsprechend verheißt er den Erschöpften, daß sie ausruhen können. Erstrebt wird kein Schlaraffenland, sondern das Notwendige – das, was die Not wendet. Dazu bedarf es der »Demut«. Jesu Demut erweist sich darin, daß er den Erniedrigten und Gedemütigten solidarisch wird.

Falls das im Matthäus- und Lukasevangelium je zweimal überlieferte Logion, daß erhöht werden wird, wer sich selbst eriedrigt, und daß erniedrigt werden wird,

28 So Weiß 89, der dann meint, daß »der spezielle Sinn des Terminus πεφορτισμένος aus dem Gegensatz gegen die von den Rabbinen auferlegten φορτία . . . zu bestimmen (ist); es sind die unter der Last rabbinischer Gesetzespraxis Seufzenden« (ebd.).

29 Der hebräische Text und die Septuaginta weichen an einer Stelle voneinander ab. Letztere hat ἁγνισμός (»Reinigung«) statt ἀνάπαυσις (»Ruhe«). Mt 11,29 entspricht also dem hebräischen Text. Das Logion dürfte daher nicht im griechischen Sprachbereich entstanden sein, sondern im aramäisch-hebräischen. Das unterstreicht die Möglichkeit einer Rückführung auf Jesus selbst.

30 Weiser 56.

31 Vgl. Sir 24,19: »Kommt her zu mir, die ihr mich begehrt, und an meinen Früchten sättigt euch!« Zu weiteren Parallelen vgl. Christ 103 mit Anm. 395.

wer sich selbst erhöht (Mt 18,4; 23,12; Lk 14,11; 18,14)[32], von Jesus selbst gebraucht worden ist, könnte es in dem eben aufgezeigten Zusammenhang sein besonderes Profil gewinnen. Die Selbsterniedrigung in der Weise, daß einer den Erniedrigten und Gedemütigten solidarisch wird, zeitigt als ihre Frucht ›Erhöhung‹, nämlich Bereicherung des Lebens in neuer Gemeinschaft. Von daher wäre die als Folge der Selbsterhöhung genannte Erniedrigung als Verarmung des Lebens zu bestimmen, die in Isolierung besteht. Das Passiv in den Hauptsätzen, als dessen logisches Subjekt Gott anzunehmen ist, bringt zum Ausdruck, daß Gott für diesen Zusammenhang von Erniedrigung und Erhöhung einsteht.

Der Bezug dieses Logions auf die Gemeinschaft der Jünger Jesu und damit auf die Gemeinde ist in seiner Aufnahme im Matthäusevangelium gegeben. In der von Matthäus geschaffenen Szene 18,1–5 fragen die Jünger, wer der Größte im Himmelreich sei. Jesus stellt ein Kind in ihre Mitte und fordert sie auf, zu werden wie die Kinder. »Wer sich also selbst erniedrigt (und damit wird) wie dieses Kind, der ist der Größte im Himmelreich« (V. 4).[33] Größe erweist sich gerade im Verzicht darauf, groß sein und andere überragen zu wollen. Matthäus verfolgt eine antihierarchische Tendenz und vertritt ein geschwisterschaftliches Gemeindemodell. Das macht die zweite Stelle noch deutlicher. In 23,8–12 setzt Matthäus voraus, daß es Schriftgelehrte und Lehrer in der Gemeinde gibt; er verbietet es ihnen aber, sich »Rabbi«, »Vater« und »Meister« nennen zu lassen. Alle in der Gemeinde haben Christus als *den* Lehrer und Meister und Gott als *den* Vater. Das macht sie untereinander zu Geschwistern (V. 8b). Diese Geschwisterlichkeit konkretisiert sich im Dienst für die Gemeinde: »Der Größte unter euch soll euer Diener sein« (V. 11). Wenn hierauf der Spruch von Erniedrigung und Erhöhung in V. 12 diesen Zusammenhang abschließt, ist deutlich, daß er seinen Bezugspunkt in der Gemeinschaft der Gemeinde hat.

Ganz anders verhält es sich mit seiner Rezeption im Lukasevangelium, insofern hier der einzelne den Bezugspunkt bildet. In 14,11 steht er als Quintessenz der Klugheitsregel, sich bei einer Hochzeitsfeier nicht auf den besten Platz zu stürzen, um nicht vom Gastgeber wegkomplimentiert und damit vor aller Augen beschämt zu werden, sondern den untersten Platz einzunehmen, um vom Gastgeber höher gebeten und damit vor den Tischgenossen ausgezeichnet zu werden (14,7–10).[34] In 18,14b schließt Lukas das Gleichnis vom Pharisäer und Zöllner mit diesem Spruch redaktionell ab. Dadurch wird es zum Paradigma für das Verhalten des einzelnen, wie er Anerkennung von seiten Gottes gewinnen kann.

» Lukas 18,14 verbessert. – Wer sich selbst erniedrigt, will erhöht werden« (*Fried-*

---

32 Zu seinen alttestamentlichen Voraussetzungen und rabbinischen Parallelen vgl. Grundmann, ταπεινός 8f.14,24–36.

33 Grundmann hält es für »wahrscheinlich, daß hier der Sinn vorliegt, den Jesus dem weitverbreiteten Wort gegeben hat«, nämlich: »vor Gott wieder Kind werden, d.h. sich ihm ganz anvertrauen und alles von ihm und nicht von sich selbst erwarten« (ταπεινός 17; vgl. ders., Matthäus 414). Seine Argumentation kann dieses Urteil allerdings nicht begründen. Denn gerade die Worte »wie dieses Kind«, die die Besonderheit von Mt 18,4 ausmachen, muß er aufgrund des Kontextes der matthäischen Redaktion zuweisen.

34 »Die Motivation ist nicht hochwertig-moralisch, sondern praktisch« (Schneider 314). Sie ist vor allem auch taktisch.

rich Nietzsche, Menschliches, Allzumenschliches I 87, Werke I [Ullstein 2907], Frankfurt/M. u.a. 1976, 500).

»›Wer sich selbst erhöht, der wird erniedrigt werden; und wer sich selbst erniedrigt ...‹: Aber wenn man das so genau weiß, damit zählen kann und damit zählt, erniedrigt man sich selbst, indem man sich erhöht: wird also erhöht werden. Und es kommt nun darauf an, bis zum wievielten Glied der Kette man zählt, um wirklich erhöht oder erniedrigt zu werden.

Aufgrund dieses Bibelwortes, welches freilich nicht zu den interessantesten gehört, entsteht so ein Sport, dem viele verfallen sind und bei dem manches schlaue Seelchen meinte schön profitieren zu können. Lichtenberg bemerkte dazu: ›Mir ist ein Kleintuer weit unausstehlicher als ein Großtuer ...‹ – Es ist überhaupt besser, daß man die Menschen nach ihrem Positiven beurteilt, als nach ihren übrigen Eigenschaften, – nicht darnach, ob sie sich selbst erniedrigen oder erhöhen: daß man dies ganz außer acht läßt« (*Ludwig Hohl*, Die Notizen oder Von der unvoreiligen Versöhnung VII 94, Frankfurt/M. 1984, 409).

b) Ganz in alttestamentlich-jüdischer Tradition steht das von Lukas übernommene Magnificat der Maria (Lk 1,46–55)[35], das als ein Protestlied gekennzeichnet werden muß. Die Sprecherin preist zu Beginn Gott als Retter, »da er geschaut hat auf die Erniedrigung/Niedrigkeit (ταπείνωσις) seiner Magd/Sklavin (δούλη)« (V. 48). Daß Maria als Magd bzw. Sklavin gekennzeichnet wird, weist in die soziale Sphäre. Die Bezeichnung »Magd Gottes« erlaubt zwar auch ein übertragenes Verständnis[36], aber daß die Sprecherin des Magnificat keine Person höheren Standes sein kann, ergibt sich zwingend aus dem zweiten Teil (V. 51–55)[37], der umfassende Konsequenzen aus dem ersten zieht. Die Geburt des Messias Jesus aus der niedrigen Magd, die dadurch Erhöhung erfahren hat, schließt die endzeitliche Erhöhung der Erniedrigten und den Sturz der reichen Machthaber schon ein[38]: Gott »entfaltet Macht mit seinem Arm, er zerstreut, die übermütig sind in ihres Her-

---

35 Die Vorschläge für die Herkunft des Magnificat reichen von einer Verortung als makkabäischer Psalm bis zur Verfasserschaft des Lukas; s. die knappen Angaben und die Literaturhinweise bei Schneider 54–56. Daß Lukas nicht der Verfasser des Magnificat sein kann, dazu vgl. Farris 14–30 sowie Schottroff, Magnificat 304–306. Auf diesen Aufsatz sei auch im ganzen verwiesen.

36 Vgl. Schürmann 73f: »Die ταπείνωσις ... will ... schlicht als Demutsäußerung der ›Magd des Herrn‹ verstanden werden.« Er fügt aber sogleich hinzu: »Wobei die Situation des sozial niedriggestellten und bislang unbekannten jungen Mädchens immerhin verstärkend wirken mag.«

37 »Die ›Niedrigkeit‹ ... ist die der ›Magd‹ gegenüber dem ›Mächtigen‹ (V. 49) und im Vergleich zu den ›Mächtigen‹ (V. 52)« (Schneider 57).

38 Zur Bestimmung des Verhältnisses der beiden Teile zueinander vgl. Schottroff, Magnificat 301f.

zens Sinn. Er stürzt die Mächtigen vom Thron und erhöht die Erniedrigten. Die Hungernden füllt er mit Gütern und die Reichen läßt er leer ausgehen« (V. 51–53). Die hier hergestellten positiven und negativen Reihen sind eindeutig. Auf der einen Seite stehen die Hochmütigen, Machthaber und Reichen[39], die Gott zerstreut, vom Thron stürzt und leer wegschickt, auf der anderen die Erniedrigten/Gedemütigten (ταπεινοί) und Hungrigen, die er erhöht und denen er Güter in Fülle gibt. Mit diesem positiven Handeln nimmt sich Gott Israels an und erfüllt die den Vätern gegebene Verheißung (V. 54f). Die Erniedrigten und Gedemütigten, die dieses Protestlied als ihr Lied übernehmen und anstimmen, erfahren sich damit als solche, denen Gott den Rükken stärkt, so daß sie jetzt schon aufrecht gehen können.

c) In diesem Abschnitt ist schließlich noch der Jakobusbrief zu besprechen. Eine klare Gegenüberstellung des Armen und Reichen, von Erhöhung des einen und Erniedrigung des anderen findet sich in 1,9–11: »Es rühme sich der erniedrigte (ταπεινός) Bruder seiner Erhöhung, der Reiche aber seiner Erniedrigung (ταπείνωσις); denn wie die Blüte des Grases wird er vergehen. Die Sonne ging nämlich auf mit ihrer Glut und verdorrte das Gras, und seine Blüte fiel ab, und ihr schönes Aussehen war dahin. So wird auch der Reiche mit seinen Unternehmungen dahinschwinden.« Durch die Entgegensetzung zum Reichen wird als »erniedrigter Bruder« hier derjenige Christ in den Blick genommen, der durch Armut und die mit ihr verbundenen Demütigungen gekennzeichnet ist.[40] Da auf der einen Seite vom »erniedrigten Bruder« gesprochen wird, könnte auf der anderen Seite »der reiche (Bruder)« gemeint sein[41] und nicht »der Reiche« überhaupt. Das ist aber sehr unwahrscheinlich. Denn einmal kennt der Text für den Rei-

---

39 Weshalb Schürmann meint, daß die in V. 51 »ethisch-religiös« Qualifizierten in V. 52f nur »*anscheinend* politisch-sozial charakterisiert« werden (Hervorhebung von mir), wird aus seiner Auslegung nicht deutlich. Er wehrt sich zwar dagegen, daß »ein menschliches Klassendenken« die Aussagen bestimme, stellt aber doch fest, »daß Gott die Weltumstände umkehren muß, wenn die Ordnung Gottes entstehen soll«, und daß die von Gott kommende Revolution »auch eine politische« und »auch eine soziale« sein wird (76).

40 Vgl. Grundmann, ταπεινός 20,5–7: »Durch ὁ δὲ πλούσιος in der Fortsetzung ist ὁ ἀδελφὸς ὁ ταπεινός bestimmt als der durch Armut gebeugte Bruder, der עָנִי.«

41 So Mußner 74; aus der formalen Möglichkeit eines solchen Verständnisses darf aber nicht sofort auf seine Notwendigkeit geschlossen werden.

chen ausschließlich und definitiv ein negatives Ende[42]; und zum anderen denkt Jakobus an den übrigen Stellen, an denen er von »Reichen« spricht, eindeutig nur an Nichtchristen.[43] Er kennt zwar auch wohlhabende Christen[44]; aber von ihnen spricht er nicht als »Reichen«.

Beide, der erniedrigte Bruder und der Reiche, sollen sich rühmen. »Wessen einer sich rühmen darf, das ist ihm sicherer und ewiger Besitz.«[45] Der gedemütigte Arme hat nichts in der Hand; er hat aber die Verheißung Gottes, der die Niedrigen erhöht. Diese Tradition ist hier aufgenommen. Wie die futurischen Formen auf der Gegenseite, beim Reichen, zeigen, ist dabei an das endzeitliche Handeln Gottes gedacht, das die Welt verwandeln wird, indem es den erniedrigten und gedemütigten Armen zu ihrem Recht verhilft. Gegenstand des Ruhmes der Armen ist nicht, daß sie »reich an Glauben« (2,5) sind, wodurch »sie jetzt schon von Gott auf eine ›Höhe‹ emporgehoben« seien[46]. Der erniedrigte Bruder rühmt sich nicht seines reichen Glaubens, sondern einzig dessen, was er gewiß hat: die Verheißung Gottes.

Was dagegen der Reiche gewiß hat, der so viel besitzt, ist ebenfalls das, was Gott ihm bereiten wird: seine Erniedrigung. Sie wird im Bild vom Verwelken der Grasblüte anschaulich vor Augen geführt und auch ausdrücklich festgestellt: Er wird vergehen und dahinschwinden – ohne Wenn und Aber. Der Ruhm des Reichen ist also radikal nichtig; und so ist die an ihn ergehende Aufforderung, sich zu rühmen, nichts als bittere Ironie.[47]

Der so verstandenen Aufforderung entspricht die in 5,1 genau:

---

42 Vgl. Dibelius 117f, der so zusammenfaßt: »Also mag er zunächst Nichtchristen im Auge behabt haben; wenn aber auch Christen, dann Leute, die er eigentlich nicht mehr zur Christenheit rechnet.«

43 Jak 2,6f; 5,1–6.

44 Vgl. 4,13–17.

45 Dibelius 113 (mit Belegen).

46 So Mußner 74, der dann das endzeitliche Verständnis ergänzend hinzufügt. Die futurischen Aussagen in V.10 und 11 – »er wird vergehen«, »er wird dahinschwinden« – erläutern die vorher genannte ταπείνωσις. Mit ihr ist also ein Geschehen im Blick und nicht ein Zustand. Daher dürfen die antithetischen Begriffe ὕψος und ταπείνωσις nicht mit »Höhe« und »Niedrigkeit«, so Mußner, sondern mit »Erhöhung« und »Erniedrigung« übersetzt werden.

47 So vor allem Dibelius 114f; unentschieden Schrage, Jakobusbrief 18; dagegen treten für »eine echte, ernst gemeinte Paränese an die reichen Mitglieder der Gemeinde« z.B. ein Mußner 74 und Bultmann 653,14f, der V.10a kontextfremd so paraphrasiert: »indem er sich demütigt und also auch sich allein Gottes rühmt«.

»Wohlan jetzt, ihr Reichen, heult und schreit laut über das Elend, das über euch kommt!« Das den Reichen hier angekündigte Ergehen, dessentwegen sie jetzt schon heulen sollen, ist die gegenwärtige Erfahrung der Armen, deren elende Situation zum Heulen ist. Der folgende Text macht deutlich, daß die Ankündigung des Gerichts ihren Grund im Verhalten der Reichen hat, schärfer noch: im Reichtum selbst und darin, wie er zustande gekommen ist. Er beruht nämlich auf räuberischer Ausbeutung: »Siehe, es schreit der Lohn der Arbeiter, die eure Felder abgemäht haben, der von euch vorenthalten ist« (V. 4).[48] Diese Ausbeutung wird gedeckt von einer Klassenjustiz, die auch vor Mord nicht zurückschreckt: »Verurteilt und umgebracht habt ihr den Gerechten« (V. 6).[49] Über den so erworbenen Reichtum stellt Jakobus fest: »Euer Reichtum ist verfault, und eure Gewänder sind von Motten zerfressen; euer Gold und Silber ist verrostet, und sein Rost wird zum Zeugnis wider euch sein« (V. 2f).[50] Das »Sammeln von Schätzen« (V. 3) erzeugt nutzlosen Überfluß auf der einen und Elend auf der anderen Seite. Das Prinzip der Gewinnmaximierung ist System gewordenes Unrecht, das sich schließlich auch Ausdruck im Luxusleben der Reichen verschafft: »Ihr habt ein üppiges Leben auf der Erde geführt und geschwelgt, habt eure Herzen gemästet am Schlachttag« (V. 5).[51] Diesem Luxusleben kontrastieren »die Schreie der Erntearbeiter«, die »in die Ohren des Herrn Zebaoth gelangt« sind (V. 4). Mit dieser Aussage macht es Jakobus ausdrücklich, daß Gott auf seiten der Unrecht leidenden Armen steht und Veränderung bringen wird.

Auch die Gemeinde wird von den Reichen bedrängt: »Sind es nicht die Reichen, die euch tyrannisieren und die euch vor Gericht zerren?

48 Die Fortsetzung des Textes macht deutlich, »daß der zum Himmel schreiende ›Lohn‹ nichts anderes ist als die die Rache Gottes anrufenden Schreie der Erntearbeiter selbst« (Mußner 196). Moderne Analogien für die Vorenthaltung von Lohn s. bei Günther Wallraff, Ganz unten, Köln 1985; vgl. besonders den Fall S. 127–131.
49 Wie in der oben besprochenen alttestamentlich-jüdischen Tradition ist der gedemütigte Arme auch hier »der Gerechte«. – V. 6 schließt mit der Aussage ab, daß der Gerechte »euch keinen Widerstand entgegensetzt«. Hier ist wohl »einfach die faktische Wehrlosigkeit als Kontrast zur brutalen Macht der Reichen« im Blick (Schrage, Jakobusbrief 52).
50 Die hier aufgezählten Phänomene sollen »weniger an die Vergänglichkeit irdischen Reichtums erinnern . . . als an das unbarmherzige, unsoziale Verhalten des Reichen« (Schrage, Jakobusbrief 51).
51 Zu den Möglichkeiten des Verständnisses der Wendung »am Schlachttag« vgl. Schrage, Jakobusbrief 51f.

Sind sie es nicht, die den schönen Namen verleumden, der über euch ausgerufen worden ist?« (2,6f)[52] Dennoch steht sie in der Gefahr, sich an den Reichen zu orientieren. Das Verhalten der Herrschenden wird zum herrschenden Verhaltensmuster und bestimmt so auch das Verhalten der von ihnen Bedrückten. Das zeigt nicht nur der in 2,2–4 vorgestellte Fall, daß ein gut gekleideter und ein schlecht gekleideter Nichtchrist in die Versammlung kommen und der eine Beachtung findet, der andere nicht.[53] Es wird auch deutlich an den Feststellungen in 4,1–3. Jakobus konstatiert: Es gibt in der Gemeinde Kämpfe und Streitereien; es gibt »jene eifersüchtige Gesinnung, die ihren Gegner am liebsten liquidieren möchte«[54]; es gibt Begehrlichkeit sowie das Verlangen nach Verschwendung. Sich so vom herrschenden Verhaltensmuster prägen zu lassen, das ist »die Liebe zur Welt«, die Ehebruch mit Gott und Feindschaft ihm gegenüber bedeutet (V. 4) und ihn somit eifersüchtig macht (V. 5). In diesem Zusammenhang zitiert Jakobus Prov 3,34: »Gott widersteht den Hochmütigen, den Demütigen (ταπεινοί) aber gibt er Gnade« (V. 6). Wenn das gilt, muß die Gemeinde dem vorher beschriebenen Verhalten absagen; denn es ist ja das Verhalten der »Hochmütigen«. Daraus ergeben sich die Mahnungen in V. 7–10. Besonders auffällig ist dabei V. 9, weil er eine ähnliche Aufforderung enthält, wie sie 5,1 an die Reichen gerichtet wird: »Jammert, klagt und heult! Euer Lachen soll sich in Trauer verwandeln und eure Freude in Niedergeschlagenheit.« Am Gelächter und der vergnügungssüchtigen Ausgelassenheit der Reichen soll sich die Gemeinde nicht beteiligen, an deren Welt nicht teilhaben. Die Aufforderung, zu jammern, zu klagen und zu heulen, wird hier denen gegeben, die dabei sind, sich so zu verhalten, wie die Welt, nämlich die Welt der Reichen und Mächtigen, sich verhält. Statt sich daran zu orientieren, gilt es, denen solidarisch zu werden, deren Situation von Elend, Klage und Trä-

---

52 Die Reichen »bedrücken, kriminalisieren und beschimpfen die Gemeinde« (Burchard 324). Angesichts des im Jakobusbrief deutlich faßbaren ökonomisch-sozialen Hintergrundes mutet es seltsam an, wenn Mußner in den Reichen »die Juden« erblicken will, die »die besonderen Gegner der jungen Kirche waren« (81f; das Zitat auf S. 81; vgl. auch S. 122 und 198).

53 Vgl. dazu Burchard 322–325.

54 Mußner 179; er hat es wahrscheinlich gemacht, daß φονεύετε (ihr tötet) nicht zu φθονεῖτε (ihr seid neidisch) konjiziert werden muß, sondern zusammen mit ζηλοῦτε (ihr seid eifersüchtig) im Sinne des wiedergegebenen Zitates verstanden werden kann (178).

nen bestimmt ist. Das bringt Jakobus mit der Forderung: »Demütigt
euch (ταπεινώθητε) vor dem Herrn!« auf den Begriff; solcher Demut
gibt er mit seiner Tradition die Verheißung: »Und er wird euch erhöhen« (V.10). Er denkt dabei im Rahmen der Gemeinde. Um ihre Einheit, zu der solche Demut verhilft, geht es ihm.[55] Dazu gehört, wie
2,15f deutlich macht, daß Gemeindeglieder, die an Kleidung und Nah-
rung Mangel leiden, von der Gemeinde die notwendigen Lebensbe-
dürfnisse befriedigt bekommen.[56]

2. ».. . einander durch Demut für vorzüglicher halten«
»Demut« als Bedingung neuer Gemeinschaft

In diesem Abschnitt sollen Stellen aus den Paulusbriefen und aus
Schriften, die in paulinischer Tradition stehen, besprochen werden.
Nach dem Verständnis des Begriffs »Demut« bei Paulus zu fragen, ist
in mehrfacher Hinsicht interessant. Einmal wird in der Beurteilung
seines Auftretens durch andere und durch ihn selbst das Einwirken
verschiedener – griechischer und jüdischer – Traditionen sichtbar.
Diese Traditionen zeigen sich in charakteristischer Weise auch in der
eigenen Bewertung der sozialen Situation des Apostels, die differenziert zu beschreiben ist. Schließlich zeigt sich in der christologischen
Begründung der Demutsforderung an seine Gemeinden, woran sein
Reden von »Demut« letztlich ausgerichtet ist und was ihm sein besonderes Gepräge gibt.

a) In 2Kor 10,1 spricht Paulus von sich selbst als einem, »der ich
zwar bei meiner persönlichen Anwesenheit unter euch niedrig (ταπεινός), abwesend aber mutig gegen euch bin«. Daß er hier einen gegen
ihn erhobenen Vorwurf aufnimmt, ergibt sich deutlich aus V.10, wo er
als über ihn in Umlauf gebrachte Aussage zitiert, »daß die Briefe zwar
gewichtig und stark seien, die persönliche Anwesenheit jedoch
schwächlich und die Rede verächtlich«. In solchem Zusammenhang
gibt sich ταπεινός in V.1 als von griechischer Tradition geprägt zu erkennen. Es kennzeichnet das Auftreten des Paulus als niedrig, krie-
cherisch, sklavisch, schwächlich.[57] Der konkrete Anlaß für diese Beur-

55 Nach Burchard ist die Einigkeit die »notissima nota ecclesiae« (321).
56 Zu 2,15f vgl. die erhellenden Ausführungen von Burchard 325f.
57 Vgl. Grundmann, ταπεινός 20,12: »servil, unterwürfig, machtlos, niedrig«;
   Rehrl, Problem 175: »mutlos, feige, kleinlaut«.

teilung dürfte darin liegen, daß es Paulus nicht vermocht hatte, bei dem sog. Zwischenbesuch in Korinth die in Gruppen zerfallene und sich zu einem beträchtlichen Teil gegen ihn wendende Gemeinde wieder in den von ihm gewünschten Zustand zu bringen, sondern daß er erfolglos nach Ephesus hatte zurückreisen müssen.[58] Bei dem Besuch war es zu einem Paulus besonders demütigenden Zwischenfall gekommen; er spricht davon, daß ihm Unrecht angetan und daß er betrübt worden sei.[59]

Paulus setzt nun dem Vorwurf, sein persönliches Auftreten sei »niedrig«, nicht einfach die Behauptung entgegen, das treffe gar nicht zu. Daß er nicht stark sein will, sondern bewußt seine Schwäche annimmt, führt er in 2Kor 12,7-11 aus; darauf sei hier nicht weiter eingegangen. Er nimmt auch die erlittene Demütigung an, nicht als Urteil der Menschen, sondern von Gott her. Doch setzt er hier die Akzente bezeichnend anders. In 2Kor 12,20f schreibt er: »Ich fürchte nämlich, daß ich vielleicht, wenn ich komme, euch nicht so antreffe, wie ich will, und ich bei euch so angetroffen werde, wie ihr nicht wollt; daß vielleicht Streit, Eifersucht, Zornausbrüche, Streitereien, Verleumdungen, Ohrenbläsereien, Aufgeblasenheiten und unordentliche Zustände da sind. Damit mein Gott mich nicht wiederum, wenn ich komme, vor euch erniedrigt/demütigt (ταπεινώσῃ) und ich nicht viele von denen beklage, die vorher gesündigt und nicht Umkehr geübt haben wegen ihrer Unreinheit, Unzucht und Zügellosigkeit, die sie begangen haben.« Was Paulus bei seinem Zwischenbesuch in Korinth, auf den er hier zurückblickt, erleben mußte, hat er als Erniedrigung und Demütigung erfahren. Als Subjekt dessen nennt er an dieser Stelle aber Gott. Von ihm her akzeptiert er für sich die erlittene Demütigung, ohne jedoch dieses Geschehen damit zu legitimieren. Die Aussage von seiner Schwäche gilt prinzipiell, aber nicht die von der Demütigung. Solche Erfahrung will er nicht noch einmal machen. Das Urteil, Paulus sei im persönlichen Auftreten »niedrig«, beruhte ja vor

---

58 Der Vorwurf »gründet sich zum mindesten darauf, daß Paulus beim letzten Aufenthalt der Gemeinde nicht hatte Herr werden können, sondern sogar die c. 2 und 7 erwähnte Kränkung hatte über sich ergehen lassen müssen und abgereist war, ohne, wie zuerst in Aussicht genommen, wiederzukommen« (Lietzmann 140). – Zur Literarkritik des zweiten Korintherbriefes und zum Ablauf der Ereignisse verweise ich hier nur auf Vielhauer 143-155, ohne mit den dort aufgestellten Hypothesen in allen Einzelheiten übereinzustimmen.

59 2Kor 2,5; 7,12.

allem darauf, daß er Korinth hatte erfolglos verlassen müssen. Akzeptanz der ihm zugefügten Demütigung kann für ihn auf keinen Fall heißen, die Gemeinde verloren zu geben. Er kämpft weiter um sie; und als er hört, daß sie durch Titus wieder zurechtgebracht ist, erfährt er das als Erhöhung des Gedemütigten durch Gott. Er interpretiert also diese Erfahrung mit Hilfe alttestamentlicher Tradition, wenn er 2Kor 7,6 schreibt: »Gott, der die Gedemütigten tröstet, hat uns getröstet durch die Ankunft des Titus«, der ihm von der wiedergewonnenen korinthischen Gemeinde berichtete.[60] Nicht zuletzt dürfte es aber dieses Wissen von Gott sein, daß er die Gedemütigten tröstet, das Paulus Demütigungen annehmen läßt, um dann gerade nicht zu resignieren, sondern zu kämpfen.

b) So wenig es Paulus nach aktuellen Demütigungen verlangt, ist doch die Entscheidung, ein Leben in niedrigen Verhältnissen zu führen, die Existenzweise eines »Niedrigen« zu haben, für ihn von prinzipieller Bedeutung. Das ist angedeutet in dem Abschnitt Phil 4,10–20, in dem er sich für eine Unterstützung durch die Gemeinde von Philippi bedankt. Er gibt zwar betont seiner Freude darüber Ausdruck, stellt aber zugleich heraus, daß er so nicht »aus Bedürftigkeit« rede. Daß er bedürftig ist, leidet keinen Zweifel, aber er legt es nicht darauf an und ist auch nicht darauf angewiesen, aus dieser Bedürftigkeit herauszukommen, da er es gelernt habe, sich in seiner Lage genügen zu lassen (V.11). Er fährt dann fort: »Ich verstehe mich sowohl darauf, in armseligen Verhältnissen zu leben (ταπεινοῦσθαι), als auch verstehe ich mich darauf, im Überfluß zu leben. In alles und jedes bin ich eingeweiht, sowohl satt zu sein als auch zu hungern, sowohl im Überfluß zu leben als auch Mangel zu leiden« (V.12). ταπεινοῦσθαι steht parallel zu »hungern« und »Mangel leiden« und in Opposition zu »im Überfluß leben« und »satt sein«, ist somit eindeutig durch die materielle Lage bestimmt. Daher bezeichnet es hier nicht den freiwilligen Verzicht auf Sättigung, hat also nicht die technische Bedeutung »fasten«[61], sondern beschreibt die Mangelsituation des Armen, der nicht genug zu essen hat.[62] Wenn Paulus sich für die ihm in solcher Situation

---

60 Bei allen, die literarkritische Operationen am 2Kor für notwendig halten, ist es unumstritten, daß der »Versöhnungsbrief«, zu dem diese Stelle gehört, zeitlich nach dem »Tränenbrief« (Kap. 10–13) anzusetzen ist.
61 Gegen Dihle 750.
62 Vgl. Giesen 803: »in Entbehrungen leben«.

widerfahrene Hilfe zwar freudig bedankt, aber doch zum Ausdruck bringt, daß diese Hilfe für ihn nicht von unbedingter Notwendigkeit sei – und das schließt die Konsequenz ein, daß sie von ihm aus betrachtet auch unterbleiben könne –, weist er damit auf eine grundsätzliche Bedeutung seiner Lebensweise als »Niedriger« hin. Wer formuliert, daß er sowohl das eine als auch das andere vermag, im Mangel zu leben und auch im Überfluß[63], ist kaum von Haus aus ein Armer. Die Lebensweise als »Niedriger« ist daher für Paulus offenbar nicht ihm von vornherein vorgegebener Zwang, sondern bewußte Wahl. Das macht die andere hier zu besprechende Stelle noch deutlicher.

In 2Kor 11,7 fragt Paulus: »Oder habe ich eine Sünde begangen, als ich mich selbst erniedrigte (ἐμαυτὸν ταπεινῶν), damit ihr erhöht würdet, da ich euch unentgeltlich das Evangelium Gottes verkündigt habe?« Er hat hier im Blick, daß er zur Schaffung der materiellen Voraussetzung seiner Missionstätigkeit Handarbeit verrichtete. Das bezeichnet er als Erniedrigung seiner selbst. Damit findet sich hier dieselbe negative Wertung der Handarbeit wie in der uns überlieferten griechischen und lateinischen Literatur.[64] Das dürfte auch bei Paulus dieselbe soziale Basis zur Voraussetzung haben, also einen gehobenen Sozialstatus: Von Haus aus ist er offenbar kein Handarbeiter.[65] Der entscheidende Punkt ist jedoch, daß Paulus zwar an der negativen Wertung der Handarbeit durch die bessergestellten Kreise der griechisch-römischen Welt partizipiert[66], daß er aber doch diese als negativ eingeschätzte Arbeit durch eigenen Entschluß auf sich nimmt und dieses Tun ganz gewiß nicht negativ wertet. In dieser Selbsterniedrigung ist er höchst »ungriechisch« und »unrömisch«. Er macht sich denen, die Gott erwählt hat, den Geringen und Verachteten (1Kor 1,27f), solidarisch, fällt ihnen nicht zur Last (2Kor 11,9), damit sie Erhöhung erfahren. Er, der von Haus aus die Perspektive eines »Hohen«

---

63 Im Blick auf den »Überfluß« ist allerdings mit Schrage festzustellen, daß »Paulus vor allem ein entbehrungsreiches Leben geführt hat« (Ethik 213).

64 Vgl. o. S. 17–19.21f.

65 Vgl. auch die sachlich parallele Stelle 1Kor 9,19, wo Paulus im Blick auf seine Handarbeit von Versklavung seiner selbst spricht. Zur Frage nach der sozialen Position des Paulus im Blick auf beide Stellen vgl. Hock passim; weiter Wengst, Pax 95.

66 Insoweit ist Hock zuzustimmen, wenn er schreibt, die Sprache des Paulus an diesen Stellen spiegele »die snobistische und verächtliche Haltung« zur Handarbeit wider, »die für Griechen und Römer der Oberschicht so typisch ist« (562; vgl. 560). Doch damit ist allenfalls erst die Hälfte gesagt.

hat, macht sich die Perspektive der Geringen durch seine Lebenspraxis zu eigen. Darin erweist sich seine »Demut«.

c) Paulus fordert die bessergestellten Christen in seinen Gemeinden nicht dazu auf, seine Lebensweise zu imitieren. Sie ist Teil seiner besonderen apostolischen Existenz.[67] Aber die in ihr sich zeigende Haltung und Praxis der Solidarität mit den Geringen, diese »Demut«, ist doch auch Gegenstand und Ziel seiner Paränese. So schreibt er in Röm 12,16 innerhalb einer Reihe von Mahnungen: »Trachtet nicht nach Hohem, sondern laßt euch zu den Niedrigen (τοῖς ταπεινοῖς)[68] herabziehen!« Unmittelbar anschließend bittet er, nicht klug für sich selbst zu sein. Das wäre eine Klugheit, die abgesondert von den anderen gewonnen wird und das eigene Interesse im Auge hat, die sich »oben« orientiert. Sie entspricht dem Trachten nach Hohem, dem Aufstiegsstreben. Solche Klugheit und solches Trachten entsolidarisieren und führen in die Konkurrenz.[69] Paulus aber zielt auf die »Einmütigkeit untereinander«, zu der er am Beginn von V.16 mahnt. Sie kann es in der Gemeinde nur geben, wenn sie sich an den Möglichkeiten sowie an den Bedürfnissen und der Not ihrer schwächsten Glieder orientiert – sich zu ihnen »herabziehen« läßt, ihnen solidarisch wird.[70] Hiermit

---

67 Vgl. 1Kor 9.
68 τοῖς ταπεινοῖς kann natürlich auch neutrisch verstanden werden; dann stünde es in genauer antithetischer Parallele zu τὰ ὑψηλά. Dafür tritt Schlier, Römerbrief 380f, ein, der den Vers als Mahnung zum Verzicht auf hohe Stellung und Vorrang interpretiert. Beide Möglichkeiten offen lassen Wilckens, Römer 3,23 Anm. 113; Grundmann, ταπεινός 20. Letzterer erklärt die neutrische in dieser Weise: »so denkt Paulus an die kleinen und geringen Dienste, in denen einer dem anderen beisteht« (20,25f). Da diese »Dienste« jedoch vor allem die Schwachen nötig haben, ist auch hier im Grunde an »die Niedrigen« gedacht. Vom unmittelbaren Kontext her – Einmütigkeit, nicht für sich selbst klug sein – ist wohl der Gegensatz zwischen Aufstiegsstreben und Solidarität mit den Schlechtergestellten intendiert. Für ein maskulines Verständnis von τοῖς ταπεινοῖς vgl. auch Giesen 799; Käsemann, Römer 332, nach dem es hier darum geht, daß »die Gemeinschaft mit den Niedrigen und Unterdrückten festgehalten werden (muß)«.
69 Vgl. Wilckens, Römer 3,23: »Als Christ kann man vernünftig nur sein, wenn man es für andere ist.«
70 Käsemann, Römer 332, folgert aus dieser Stelle: »Was man heute Mitmenschlichkeit nennt, ist unabdingbar daran gebunden, daß die Gemeinde Jesu auf der Seite der Niedrigen zu stehen und auch sozial das Ghetto der Klassen zu durchbrechen vermag.«

gehört die Mahnung von V. 13a sachlich zusammen: »Nehmt Anteil an den Bedürfnissen/der Not der Heiligen!«[71]

Karl Barth, Der Römerbrief, [7]1933 (= [2]1922), sprach in der Auslegung von Röm 12,16 in folgender Weise vom Christentum: »Es hört das heimliche Krachen im Gebälk. Und es kann nicht *über*sehen und *über*hören, was es sieht und hört. Es liebt darum die Armen, die Leidtragenden, die Hungernden und Dürstenden, die Unrechtleidenden« (447). »Es hat – und *darum* haben die Sozialdemokraten auf weite Strecken seinen Beifall! – eine gewisse parteiische Vorliebe für die Bedrückten, zu kurz Kommenden, Unfertigen, Grämlichen und in Auflehnung Begriffenen« (448). Vgl. aber auch die bis S. 450 folgende dialektische – jedoch gerade nicht ausgewogene, sondern klar gewichtende – Relativierung »in der *Anwendung* auf konkrete ›Höhen‹ und ›Niederungen‹ unseres Daseins« (448). In der 1. Auflage (vgl. jetzt: Der Römerbrief [Erste Fassung] 1919, hg. v. Hermann Schmidt, 1985) hatte Barth zu Röm 12,16 von »einseitiger und entschiedener Parteinahme« gesprochen. »Ihr gehört nicht zu den Herren. Ihr könnt auch nicht neutral sein und es allen Leuten recht machen. Ihr gehört unter allen Umständen zum gemeinen Volk . . . Denn Gott ist wohl ein Gott der Juden *und* der Heiden, aber nicht ein Gott der Hohen *und* der Niedrigen, sondern einseitig ein Gott der Niedrigen, nicht ein Gott der Großen *und* der Kleinen, sondern rücksichtslos ein Gott der Kleinen« (489f). Daß »die evangelische humilitas . . . Luthers Verständnis von Gott, Christus und Evangelium ursprünglich an der Schicht der Armen (orientiert)«, hat *Friedrich-Wilhelm Marquardt* gezeigt (Gott oder Mammon – aber: Theologie und Ökonomie bei Martin Luther, in: Einwürfe 1, München 1983 [176–216], 197–200, das Zitat auf S. 198). Für Luther spielen dabei besonders die Texte Röm 12,16 und Phil 2 eine Rolle; vgl. die Zitate bei Marquardt S. 198 und 199.

Von daher erscheint es nicht als zufällig, daß das Miteinander in der Gemeinde im Blick ist, wo Paulus ausdrücklich zur »Demut« mahnt. Das ist in Phil 2,3 der Fall. Dieser Vers steht innerhalb des Abschnitts 2,1–11, dessen Aufbau zunächst in den Blick zu nehmen ist, wenn die Forderung der »Demut« angemessen verstanden werden soll. In V.1 nennt Paulus in vier Bedingungssätzen zunächst die Voraussetzung, von der ausgehend er die in V.2–4 folgenden Imperative formuliert. Den zweiten Imperativ[72] entfaltet er anschließend in Partizipien. Die entfalteten Imperative faßt er dann in V.5a in einem einzigen knapp zusammen und gibt in V.5b deren Norm an, die er ihrerseits wieder in V.6–11 durch Zitierung des bekannten Christusliedes[73] entfaltet. Die

---

71 Wilckens, Römer 3,17, übersetzt treffend: »Wo die Heiligen in Not sind, teilt mit ihnen!«
72 Er bringt ihn in der Form eines ἵνα-Satzes.
73 Zum Christuslied in Phil 2,6–11 sei hier auf Gnilka, Philipperbrief 131–147, hingewiesen.

folgende kolometrisch angeordnete Übersetzung von V.1–5 versucht, die Struktur des Textes sichtbar zu machen:

> Wenn es so etwas wie Zuspruch und Anspruch[74] in Christus gibt,
> wenn etwas wie von der Liebe gewährten Trost,
> wenn etwas wie vom Geist geschenkte Gemeinschaft,
> wenn etwas wie Herz und Barmherzigkeit,
>   dann bringt meine Freude zur Vollendung:
>   Seid doch einträchtig,
>   indem ihr dieselbe Liebe habt,
>   einmütig nach dem einen trachtet,
>   in keiner Weise selbstsüchtig noch ruhmsüchtig,
>   sondern indem ihr einander durch Demut für vorzüglicher
>   haltet als euch selbst,
>   indem ihr ein jeder nicht auf das Eigene den Blick lenkt,
>   sondern alle auf das der anderen!
>   Danach trachtet unter euch,
>   wonach auch in Jesus Christus (zu trachten angemessen ist)!

Die Mahnung erfolgt »in (Jesus) Christus« (V.1.5); der Indikativ schließt den Imperativ ein.[75] So macht schon der Aufbau klar, daß das Christusgeschehen Grund und Norm des Handelns der Gemeinde ist. Als Objekt des Heilshandelns Gottes wird die Gemeinde von Paulus als ethisches Subjekt angesprochen. Er spricht sie in V.1 auf ihre christliche Erfahrung hin an und will, daß sie sich als christliche Gemeinde bewährt. Dabei ist hier nicht die Bewährung nach außen im Blick – darauf war er in 1,27–30 eingegangen –, sondern es geht um die innergemeindliche Praxis. Dafür nennt er als Richtungsanzeige in mehreren Formulierungen die Einmütigkeit. Wie sie zu erstreben ist, legt er in V.3f negativ und positiv dar. Ausgeschlossen werden Selbst- und Ruhmsucht, der Drang, vor den anderen herauszuragen. Aufsteigermentalität verhindert das einträchtige Ausgerichtetsein der Gemeinde. Als positives Gegenbild führt Paulus an, den jeweils anderen für höher als sich selbst einzuschätzen. Eben das bewirkt die »Demut« (ταπεινοφροσύνη), die die eigene Person gegenüber den anderen »un-

---

74 παράκλησις läßt sich hier mit nur einem Wort kaum angemessen übersetzen. Zu παρακαλεῖν/παράκλησις bei Paulus vgl. ausführlich Schlier, Eigenart passim.

75 Vgl. hierzu Käsemann, Analyse 90f.

ten« orientiert und damit das genaue Gegenteil von Aufsteigermentalität ist. Demut läßt nicht den eigenen Vorteil suchen, sondern den der anderen. Dabei ist noch einmal zu betonen, daß diese Mahnungen nicht isolierten Individuen gegeben werden, sondern den einzelnen als Gliedern der Gemeinde.[76]

Das läuft dem gesellschaftlichen Trend zuwider. Innerhalb des ersten Hauptteils wurde gezeigt, daß die Gesellschaft der römischen Kaiserzeit in starkem Maße von Aufstiegsbewußtsein bestimmt war.[77] Wenn Paulus auf solchem Hintergrund nicht den isolierten einzelnen, sondern die Glieder der Gemeinde zu einem Verhalten auffordert, das dem für die Gesellschaft charakteristischen entgegengesetzt ist, dann wird dieser Raum »in Christus« zu einer anderen Gesellschaft, zur Gegengesellschaft als solidarischer Gemeinschaft. Dann aber ist »Demut« nicht individueller Verzicht[78], sondern Grundbedingung einer neuen Gesellschaft, die wirklich alle einschließt.

So gewiß der Raum »in Christus« durch solches Verhalten seiner Bewohner konkret auszugestalten ist, bildet doch dieser vorgegebene Raum selbst schon den Grund und die Norm dafür. Inwiefern das der Fall ist, führt Paulus durch die Zitierung des Liedes in V. 6–11 aus.

Gerd Theißen hat auf dem Hintergrund der Gesellschaft der frühen Kaiserzeit, in der die Loyalität gegenüber einem Herrn sozialen Aufstieg förderte, im Blick auf dieses Lied versucht, den »Glauben an den erhöhten Herrn« als »ein Angebot von Aufstiegsloyalität für jeden« zu verstehen.[79] Mir scheint jedoch, daß weder das Lied noch der paulinische Kontext in Entsprechung zur gesellschaftlichen Wirklichkeit

---

76 Das ist durchaus »eine Forderung nach kollektiver Demut«, die nicht als »absurd« abgetan werden kann, wie es Radler in seiner Betonung der Demut als einer »individualethischen Größe« tut (486). Die Gemeinde als ethisches Subjekt kommt bei ihm nicht in den Blick. – Eine individualisierende Auslegung von Phil 2,3, die den Horizont der Gemeinde nicht wahrnimmt, bietet Dihle: »Die ταπείνωσις oder ταπεινοφροσύνη gegenüber dem Nächsten ist das einzig angemessene Verhalten für den, dem Gott im Nächsten begegnet, vor dem alle Menschen rechtlose, ihm verfallene und begnadigte Sünder sind, die keine Ansprüche zu stellen haben« (749).

77 Vgl. o. S. 22–26.

78 Die Kategorie des Verzichts bestimmt sehr stark die Interpretation von Rehrl, Demut 464f.

79 324; ähnlich in der Zusammenfassung 326. Vorher hatte er neben der Tüchtigkeit »die Loyalität gegenüber einem Herrn« als wichtigen Aufstiegsfaktor genannt (321), an Beispielen belegt (322–324) und die Zusammengehörigkeit beider Faktoren herausgestellt (325).

stehen, sondern ihr vielmehr zuwiderlaufen.[80] Mit Theißen ist aber festzuhalten, daß die Interpretation dieses Textes nicht von den in ihm selbst angesprochenen sozialen Zusammenhängen absehen darf. Er gebraucht Begriffe, die sozialen Status bezeichnen: Sklave und Herr. Auch mit Hilfe dieser Begriffe beschreibt er Abstieg und Aufstieg. Sozialer Abstieg und Aufstieg in ihrer Gesellschaft bilden daher für die ersten Hörer dieses Textes einen selbstverständlichen Verstehenshintergrund.

Liest man das Lied auf diesem Hintergrund, dann gibt sich sein erster Teil (V. 6–8) als die Beschreibung einer absoluten Antikarriere zu erkennen. Der, über den nichts Höheres mehr gesagt werden kann, der sich »in der Daseinsweise Gottes« befand, hielt diese Gottgleichheit nicht »wie ein gefundenes Fressen« fest (V. 6)[81], »sondern entäußerte sich selbst und nahm die Daseinsweise eines Sklaven an« (V. 7a). »Das Wort ›Knecht‹ bzw. ›Sklave‹ umschreibt den äußersten Kontrast zu Gott und seinem Herr-Sein.«[82] Es liegt hier »die größtmögliche Statusdissonanz« vor.[83] Christus hat sich von der einen zur anderen Daseinsweise »selbst entäußert«; wörtlich heißt es: »er hat sich selbst leer gemacht«[84], die höchste Macht aufgegeben und sich der tiefsten Ohnmacht preisgegeben. Noch zugespitzter ist die Doppelzeile von V. 7a, die die Selbstpreisgabe in der Übernahme des Sklavenstatus erblickt, im Rahmen des gesellschaftlichen Erfahrungskontextes des Selbstverkaufs in Sklaverei zu verstehen. Solcher Selbstverkauf ge-

---

80 Zumindest kann nicht undifferenziert von »Aufstiegsloyalität für alle« (326) und »jeden« (324) die Rede sein. Nach 1Kor 1,27f macht die Erwählung der Törichten, Schwachen und Unedlen durch Gott die Weisen und das Starke zuschanden und das, was etwas gilt, zunichte. Nach 1Kor 7,22 ist zwar der im Herrn erwählte Sklave ein Freigelassener Christi, aber der erwählte Freie Sklave Christi. Jeder macht die Erfahrung des jeweils anderen; wenn man so will: der eine die des Aufstiegs, der andere die des Abstiegs. Selbstverständlich ist »Sklave Christi« für Paulus eine »höhere« Bezeichnung als »Freier«, aber wenn er die sozialen Termini so differenziert gebraucht, scheint es mir nicht angemessen zu sein, von »Aufstiegsloyalität für alle« zu sprechen.
81 So ist »etwas für einen Raub halten« sinngemäß wohl am besten wiederzugeben. Zu ἁρπαγμόν τι ἡγεῖσθαι und verwandten Wendungen vgl. Foerster 472f; zur Diskussion um das Verständnis von V. 6 Gnilka, Philipperbrief 115–117.
82 Hofius 61; vgl. 58, wo er zu Recht herausstellt, daß die Bedeutung der Ausdrücke »Gottesgestalt« und »Knechtsgestalt« »aus dem Duktus des Christushymnus selbst erschlossen werden« muß.
83 Theißen 325.
84 Vgl. dazu Hofius 59f.

schah als Akt äußerster Not, um überleben zu können – vielleicht auch in der vagen Hoffnung auf spätere Freilassung. Hier erfolgt die Selbstpreisgabe aus der höchsten Position heraus; und sie hat als ihr Ziel den schmählichen Tod am Kreuz. Das unterstreicht noch einmal die äußerste Antikarriere, die dieser Weg bedeutet.

Diese Antikarriere wird im folgenden weiter beschrieben und auf die Spitze gebracht. Der Gottgleiche, »den Menschen gleich geworden und der Erscheinung nach als ein Mensch erfunden« (V. 7b)[85], »hat sich selbst erniedrigt (ἐταπείνωσεν)« (V. 8a), ist ein »Niedriger« geworden. Sowohl von der Traditionsgeschichte dieses Begriffes als auch vom vorangehenden Kontext her, der ja von der »Daseinsweise eines Sklaven« sprach, ist es klar, daß auch hier noch die soziale Sphäre mit im Blick ist. Die Erniedrigung wird anschließend doppelt erläutert, zunächst damit, daß er »hörig[86] ward bis zum Tod« (V. 8b): Er blieb lebenslang in der Sklaverei, verharrte in der Ohnmacht bis ans Ende. Sodann erhält der Weg in die Niedrigkeit seine äußerste Zuspitzung mit der Erwähnung des Kreuzestodes, der in diesem Zusammenhang noch schärfer als schmählicher Sklaventod zu charakterisieren ist.[87] Christus gelangt damit auf seinem Weg von der Selbstpreis-

---

85 Gegen die verbreitete These, daß hier »das Menschsein als Sklaverei verstanden ist« (so z.B. Gnilka, Philipperbrief 120), vgl. Hofius 62f.

86 ὑπήκοος wird an dieser Stelle durchgehend mit »gehorsam« übersetzt. Doch von einer Weisung oder einem Plan Gottes, der oder dem Christus in Gehorsam folgt, ist nichts gesagt oder auch nur angedeutet. Es reicht nicht, wenn Hofius feststellt: »Der Ton liegt in diesem Satz weder sprachlich noch sachlich auf dem Wort ›gehorsam‹, sondern auf der Zielangabe ›bis zum Tod‹« (63); das Wort ὑπήκοος kann schließlich nicht in der Interpretation einfach vernachlässigt werden. Es fügt sich dem Duktus des Liedes ganz ein und bildet eine sinnvolle Erläuterung der Aussage von der Selbsterniedrigung, wenn es als eine sachliche Wiederaufnahme des Wortes »Sklave« im Sinne von »hörig«, »untertan« verstanden wird, der »Gehorsam« also die Hörigkeit des Sklaven bezeichnet (vgl. Plut. mor. 234c; Röm 6,16). Der neue Aspekt dieser Stelle liegt in der Betonung der Hörigkeit bis zum Tod, also der lebenslangen Ohnmacht.

87 Die Wendung »ja, zum Tode am Kreuz« in V. 8c gilt so gut wie durchgängig als paulinischer Zusatz zu dem vorgegebenen Lied. Hofius hat in einer eingehenden Kritik dieser Annahme gezeigt, daß sie nicht haltbar ist (3–17). »Mit dem so betont am Ende der 1. Strophe stehenden Wort σταυρός ist sprachlich der äußerste Gegensatz zu den Worten ἐν μορφῇ θεοῦ ὑπάρχων erreicht, mit denen der Hymnus in der ersten Zeile anhebt« (12). »So sehr hat der Gottgleiche ... ›Sklavengestalt‹ angenommen, daß er sogar das ›servitutis extremum summumque supplicium‹, die ›mors turpissima crucis‹ auf sich nahm« (16; die Zitate: Cic. Verr. 2,5,66 [§ 169]; Origenes, Matth. comm. ser. 124). – Die Tatsache

gabe in lebenslange Bindung an die Ohnmacht bis zum tiefsten denk-
baren Punkt, einem ›point of no return‹.

Es dürfte deutlich sein, daß dieser Weg nach unten, nach ganz unten, nicht die freundliche Herablassung eines Potentaten ist. An dieser
Stelle tritt noch einmal der Unterschied zwischen griechisch-römischer »Huld« und alttestamentlich-jüdischer »Demut« hervor. Plinius
berichtet, daß Kaiser Trajan im Senat, nachdem er Kandidaten nomi-
niert hatte, zu jedem hingegangen sei und ihn geküßt habe, »herabge-
stiegen zu ebener Erde«. »Mit welch herzlichem Beifallsruf wurde deine Geste vom ganzen Senat gefeiert! ›Um so größer, um so erhabener
ist er!‹ Denn wer seinen Rang nicht mehr steigern kann, der kann nur
auf eine Weise noch wachsen: wenn er sich herabneigt im gelassenen
Bewußtsein seiner Größe. Denn die Stellung der Principes ist von keiner Gefahr weiter entfernt als von der, niedrig zu scheinen *(humilitas)*.«[88] Die Erniedrigung Christi im Lied von Phil 2 dagegen ist ein
Akt tiefsten Solidarisch-Werdens.

Ganz anders das Niedrig-sein-Wollen des betrunkenen Herrn Puntila mit sei-
nem Knecht Matti:
Puntila: Bruder, wir müssen vom Geld reden.
Matti: Unbedingt.
Puntila: Es ist aber niedrig, vom Geld reden.
Matti: Dann reden wir nicht vom Geld.
Puntila: Falsch. Denn, frage ich, warum sollen wir nicht niedrig sein? Sind wir
　　　　nicht freie Menschen?
Matti: Nein.
Puntila: Na, siehst du. Und als freie Menschen können wir tun, was wir wollen,
　　　　und jetzt wollen wir niedrig sein . . . ich wollt, ich hätt nichts, das wär mir
　　　　am liebsten. Geld stinkt, das merk dir. Das wär mein Traum, daß ich nichts
　　　　hätt und wir gingen zu Fuß durch das schöne Finnland, oder höchstens
　　　　mit einem kleinen Zweisitzer, das bissel Benzin würden sie uns überall
　　　　pumpen, und ab und zu, wenn wir müd sind, gingen wir in eine Schenke
　　　　wie die und tränken ein Gläschen fürs Holzhacken, das könntest du mit
　　　　der linken Hand machen, Bruder.
(Bertolt Brecht, Herr Puntila und sein Knecht Matti, 1. Szene, in: Ders., Gesammel-
te Werke IV, Frankfurt a.M. 1967, 1618–1620.)

seines Kreuzestodes dürfte den Ausgangspunkt dafür bilden, daß in diesem
Lied Christus, der ja kein Sklave war, als Sklave dargestellt wird. Das Wort ist
hier »als eine Metapher für eben jene Ohnmacht und Schmach zu begreifen, in
die sich Christus mit dem Verzicht auf seine göttliche Macht und Herrlichkeit
hineingegeben hat« (Hofius 61).
88 Plin. paneg. 71,1.4f; vgl. auch das Zitat aus 4,5 o. S. 27.

Dieses Lied dürften Menschen formuliert haben, die selbst »unten« stehen; sie, deren Leben voll ist von Erfahrungen der Niedrigkeit und Demütigung, entdecken, daß sich Christus zu ihnen gestellt hat und in Christus Gott selbst. Ihre Situation ist deshalb nicht hoffnungslos zugestellt.

Denn demjenigen, der ihnen zutiefst solidarisch geworden ist, gehört alle Macht: »Deshalb hat ihn auch Gott zur höchsten Höhe erhoben und ihm den Namen über alle Namen geschenkt« (V. 9). Das »Deshalb« am Beginn dieses zweiten Teils des Liedes hat seine Logik aus der alttestamentlich-jüdischen Tradition, daß Gott die Erniedrigten erhöht. Derjenige, der hier die tiefste Erniedrigung auf sich genommen hat, erfährt die denkbar höchste Erhöhung. So ist jetzt von einer Aufwärtsbewegung die Rede. Der ›point of no return‹ wird gewendet. Doch handelt es sich bei dieser Aufwärtsbewegung gerade nicht um eine Karriere im Sinne sozialen Aufstiegs, nicht um den »Weg nach oben«, der oft genug über Leichen führt. Das macht schon ein grammatischer Unterschied zwischen dem ersten und dem zweiten Teil deutlich. Im ersten Teil, bei der Abwärtsbewegung, der Antikarriere, ist Christus selbst Subjekt des Handelns; er geht aktiv den Weg nach ganz unten. Im zweiten Teil jedoch, bei der Aufwärtsbewegung, ist er ausschließlich Objekt des Handelns Gottes. Den »Weg nach oben« geht er nicht selbst; er wird erhöht, »damit im Namen Jesu jedes Knie sich beuge der Himmlischen, Irdischen und Unterirdischen und jede Zunge bekenne: ›Herr ist Jesus Christus‹ zur Ehre Gottes, des Vaters« (V. 10f).[89] Auf diese Weise, nämlich von Gott erhöht, der Herr schlechthin geworden, bestreitet die Herrschaft Christi nicht nur faktisch ausgeübte andere Herrschaft, sondern ist selbst auch anderer Art. Es ist nicht die Herrschaft eines Menschen, der zum Gott gemacht wird, wie das beim römischen Kaiser der Fall ist[90], die

89 Alle Bewohner der dreigeschossig vorgestellten Welt akklamieren hier Jesus Christus als dem Herrn. Für welchen Zeitpunkt diese Akklamation gedacht ist, ob zukünftig oder schon gegenwärtig, läßt sich nicht entscheiden. Gilt sie als schon gegenwärtig, liegt wie in Apk 5,13 eine Prolepse vor. In jedem Fall beschreibt diese Akklamation das Ziel Gottes mit der Welt.

90 Als »Herr und Gott« ließ sich zwar erst Domitian anreden, aber gottgleiche Verehrung wurde schon Augustus – verbunden mit der Göttin Roma – im Osten des Reiches zuteil. Indem er sich divi filius nannte, umgab er sich auch selbst mit einem göttlichen Nimbus. Zur religiösen Überhöhung des Kaisers vgl. Wengst, Pax 64–67.

deshalb auch nur »von oben« erfolgen kann und Unter-Ordnungen
setzt; es ist nicht die Herrschaft eines Aufsteigers, den der harte »Weg
nach oben« verhärtet und deformiert hat und der sich nun gegenüber
ihm Untergebenen als besonders brutal erweist.[91] Es ist die Herrschaft
eines »Absteigers«, des Gottgleichen, der sich aller Macht begeben
und sich auf dem Weg nach ganz unten den Geringsten solidarisch gemacht hat.[92] Seine Herrschaft vollzieht sich in einer solidarischen Praxis der von ihm Beherrschten. Solcher Praxis gibt seine »Demut«
Raum.

d) Auf das Miteinander in der Gemeinde bezogen, findet sich der
Demutsbegriff auch in deuteropaulinischen Texten. So wird in Kol
3,12 gemahnt: »Zieht nun als Auserwählte Gottes, als Heilige und Ge-
liebte, an: herzliches Mitgefühl, Güte, Demut (ταπεινοφροσύνη),
Sanftmut (πραΰτης), Langmut!« »Demut« steht hier innerhalb einer
Reihe von Tugenden, die das Zusammenleben in der Gemeinde för-
dern. Daß eine geschwisterliche Gemeinschaft der Gleichen im Blick
ist, zeigt der vorangehende V. 11, der für den neuen Menschen im Bereich der Gemeinde ethnische, religiöse, soziale und kulturell-zivilisa-
torische Trennungen negiert und Christus als alles durchdringende
und Einheit stiftende Macht betont.[93] Alle aufgezählten Tugenden stehen somit im Zusammenhang der Gegenseitigkeit; es kommt nicht etwa den einen Demut als Niedrigkeit, den anderen Sanftmut als sich
herablassende Huld zu. Den Aspekt der Gegenseitigkeit hebt auch
der folgende V. 13 hervor, wenn er in großer Nüchternheit dazu
mahnt, einander zu ertragen und zu vergeben und dafür »auf das Handeln des Herrn« verweist, »das für die Glaubenden Grund und Richtung ihres Tuns bestimmt«.[94] Schließlich werden alle Tugenden der
Liebe als »Band der Vollkommenheit« unterstellt (V. 14). Von daher ist
es deutlich, daß »Sanftmut« in V. 12 nicht von der griechisch-römischen Tradition der Herrschertugend her vestanden werden kann,
sondern aus alttestamentlich-jüdischer Tradition kommt und gleich-
sinnig neben »Demut« steht. Wie in Phil 2,1–4 meint »Demut« damit

91 Als antike Beispiele vgl. nur Cass. Dio 54,23,1f; Plin. epist. III 14,1.
92 Vgl. Mehl 81: »Es handelt sich für Gott darum, sein Geschöpf aufzusuchen,
   ihm in Jesus Christus der Nächste zu werden. Hier liegt der Prüfstein aller wahren Demut, der Punkt, an welchem sie sich radikal scheidet von aller Herablassung, zu der sich der Hochmut bequemen kann.«
93 Vgl. auch Kol 3,15.
94 Lohse 213.

an dieser Stelle negativ den Verzicht auf das Herausstellen der eigenen Person in der Gemeinschaft der Gemeinde, den Verzicht auf Wettbewerb und Konkurrenz, und positiv das förderliche Sich-Einbringen ins Miteinander.[95]

e) Die Aufnahme von Kol 3,12 in Eph 4,1–3 gewinnt ihr besonderes Profil durch die Mahnung zu ökumenischer Einheit. Der Verfasser des Epheserbriefes stellt heraus, daß der Kirche die Einheit in doppelter Weise vorgegeben ist.[96] Sie ist bereits von Gott her in Christus ein für allemal gesetzt und wird im Bekenntnis festgehalten[97]; sie liegt aber immer auch vor der Kirche und ist in einem ökumenischen Lernprozeß je konkret zu erstreben.[98] In diesem Kontext bedeuten dann die in 4,2 genannten Tugenden der Demut, Sanftmut und Langmut, die anderen Christen, Gemeinden und Kirchen in ihrer Andersartigkeit wahrzunehmen und wahr sein zu lassen, sie auszuhalten und gemeinsam mit ihnen nach Einheit zu suchen. »Demut« ist damit das Gegenteil von jeder Art Absolutsetzung seiner selbst[99], sie ist eine ausgesprochen ökumenische Tugend.

f) Der in paulinischer Tradition stehende erste Petrusbrief nimmt ebenfalls die Demutsforderung gemeindebezogen und unter Hervorhebung der Gegenseitigkeit auf, wenn es in 5,5b.6 heißt: »Alle aber umkleidet euch im Verkehr miteinander mit Demut; denn Gott wi-

---

95 Ein ganz anderer Gebrauch von »Demut« begegnet in Kol 2,18.23, wo der Verfasser sich auf Aussagen der von ihm bekämpften Häresie bezieht. Dort steht Demut einmal neben »Engeldienst« und zum anderen neben »freiwilligem Dienst« und »Strenge gegen den Leib«. Sie steht im Zusammenhang der Mächteverehrung der kolossischen Philosophie, die sich in kultischen Vollzügen (2,17), in der Beobachtung von Tabuvorschriften (2,21) und in Askese (2,23) äußert. »Demut« ist hier Unterwerfung unter sich aufdrängende Macht, um auf diese Weise an ihr partizipieren zu können; vgl. Wengst, Versöhnung 15f.

96 Vgl. Schnackenburg 165: Dem Verfasser geht es »um die Einheit, die zwar von Gott her der Kirche vorgegeben ist, aber für alle Christen zur ständigen Aufgabe wird«.

97 Eph 4,4–6; besonders V.5: »*Ein* Herr, *ein* Glaube, *eine* Taufe«.

98 Eph 4,13–16.

99 Vgl. Schlier, Epheser 181: »Die ταπεινοφροσύνη ist die Gesinnung und das Verhalten desjenigen, der von dem anderen mehr hält als von sich selbst, und das nicht wiederum, um sich dadurch über ihn zu erhöhen, sondern aus echter Bescheidenheit, die das dem anderen und ihm selbst von Gott Beschiedene als solches erkennt und anerkennt.« Wenn Schlier allerdings die Ausführungen des ersten Clemensbriefes für einen »Kommentar zu unserer Stelle« hält, ist das ein Fehlurteil; vgl. u. Abschnitt 3.

dersteht den Hochmütigen, den Demütigen aber gibt er Gnade. Demütigt euch also unter die starke Hand Gottes, damit er euch erhöhe zur rechten Zeit!«[100] Allerdings folgt diese Mahnung hier auf eine klare Anweisung zu innergemeindlicher Über- und Unterordnung. Auf der einen Seite stehen die Presbyter, die »die Herde Gottes« zu weiden haben. Selbstverständlich sollen sie nicht profitsüchtig sein und nicht gewalttätig herrschen (5,1–4). Auf der anderen Seite werden die jüngeren Leute aufgefordert, sich den Presbytern unterzuordnen (5,5a). Der Verfasser versucht hier also, die Tradition wechselseitiger Demut in eine hierarchische Struktur einzubringen. Kann das aber wirklich gelingen? Kann die Forderung zur Demut für die »Oberen« dann etwas anderes bedeuten als die Mahnung zur Herablassung im Sinn der griechisch-römischen Herrschertugend, der πραΰτης/ *clementia*? Und wird dann für die »Unteren« nicht auch der griechische Sinn von ταπεινοφροσύνη bestimmend werden – nur jetzt eben in einer Umkehrung der Werte positiv verstanden?[101]

3. ». . . den Nacken zu beugen und den Platz des Gehorsams einzunehmen«
»Demut« als gehorsame Einfügung in hierarchische Ordnung

In dem Schreiben der römischen Gemeinde an die korinthische vom Ende des ersten Jahrhunderts, dem sogenannten ersten Clemensbrief[102], spielt die Demutsforderung eine wichtige Rolle. Sie ist eng bezogen auf die Situation in Korinth, zu der das römische Schreiben Stellung bezieht. In Korinth waren auf Veranlassung weniger junger Leute einige Presbyter von der Gemeinde ihres Amtes enthoben worden. Ziel des Briefes ist es, daß die abgesetzten Presbyter wieder in ihr Amt eingesetzt werden und daß die Veranlasser der Absetzung freiwillig ins Exil gehen. Diesem Ziel macht Clemens auch das Reden von Demut dienstbar. Die wichtigsten Stellen, an denen er von »Demut« spricht, seien im folgenden durchgegangen.[103]

---

100 Vgl. auch 1Petr 3,8f.
101 Nach Brox bewegt sich diese Ethik »auf dem schmalen Grat zwischen dem
   wirklichen Gelingen der Gegenseitigkeit . . . und der Dekadenz zur trivialen
   Ordnungs-Moral« (235).
102 Zu den Einleitungsfragen vgl. Vielhauer 530–540.
103 Vgl. Brunner 130–135.

Er erwähnt sie erstmals in 2,1, wenn er den einstigen guten Zustand der korinthischen Gemeinde beschreibt: »Und alle wart ihr demütig gesinnt (ἐταπεινοφρονεῖτε), weil ihr in nichts prahltet, nicht (andere) unterwarft, sondern vielmehr euch unterwarft, lieber gabt als nahmt.« »Demut« als erstrebenswerte Tugend ist hier vor allem gekennzeichnet durch die Zusammenordnung mit Selbstunterwerfung.[104]

Bleibt es in 2,1 noch offen, wem gegenüber die Unterwerfung zu vollziehen ist, tritt in dem Abschnitt 13,1–19,1, in dem das Thema »Demut« dominiert, immer wieder der Bezug auf die Situation in Korinth deutlich hervor. Der Abschnitt beginnt mit der Aufforderung: »Laßt uns demütig gesinnt sein (ταπεινοφρονήσωμεν)!« Dieser Mahnung ist nachzukommen durch das Ablegen von Lastern des Hochmuts und des Aufbrausens, wobei an erster Stelle die Prahlerei genannt wird. Statt dessen gelte es, sich »des Herrn« zu rühmen, der Milde (ἐπιείκεια) und Langmut (μακροθυμία) lehrte. Nachdem V. 2 entsprechende Worte des Herrn brachte, wird dann in V. 3 die demütige Gesinnung als Gehorsam ihm gegenüber bestimmt. Neben die Selbstunterwerfung (2,1) tritt hier also der Gehorsam als Näherbestimmung der Demut.[105] Die Kategorie des Gehorsams nimmt Clemens in 14,1 wieder auf, an einer Stelle, die den Bezug zur Situation in Korinth erkennen läßt. Als »fromm und recht« gilt es, »eher Gott gehorsam zu sein, als denen zu folgen, die in Prahlerei und Aufruhr Anführer abscheulicher Eifersucht sind«. Neben die vorher schon genannte »Prahlerei«[106], die natürlich zur Demut in Opposition steht, wird nun der »Aufruhr« gestellt, womit Clemens das Geschehen der Absetzung einiger Presbyter in Korinth bezeichnet. Als Gehorsam gegen Gott entpuppt sich damit die Unterwerfung unter die einmal eingesetzten Presbyter. »Demut« ist hier die gehorsame Einfügung in die durch das Amt bestimmte hierarchische Ordnung der Gemeinde. Diese Sicht der Dinge verdeutlicht Clemens in 14,2, wenn er die Veranlasser der Presbyterabsetzung als Leute kennzeichnet, die »Streit und Aufstände« intendieren und sich damit von der »rechten und gu-

---

104 Sollte sich darin nicht schon eine typisch römische Perspektive zeigen? Denn als *subiecti* hatten sich die Völker gegenüber Rom zu verhalten; vgl. nur Vergil, Aeneis 6, 853.
105 Brunner stellt fest, daß »der Verfasser die Demut vom Gehorsam her angeht« (133).
106 13,1; vgl. 2,1.

ten Ordnung« entfremden. Der Status quo darf also nicht verändert werden.

In Kap. 15 spricht Clemens den abgesetzten Presbytern Friedenshandeln zu und erklärt die Friedensbekundung der »Aufrührer«, die er offenbar nicht ignorieren kann, schlichtweg für Heuchelei. In 16,1 wirft er ihnen vor, sich über »die Herde Christi« erhoben zu haben. Als solche Erhebung gilt demnach schon der bloße Akt der Veranlassung der Absetzung einiger Presbyter durch die Gemeinde. Daß sie sich selbst in das Leitungsgremium gedrängt hätten, wird ihnen nicht vorgehalten und war dann auch nicht der Fall. Ihnen werden »die demütig Gesinnten« (ταπεινοφρονοῦντες) entgegengestellt, denen Christus gehöre. Das sind demnach diejenigen, die sich der vorgegebenen Amtsautorität unterordnen. Als Vorbild dafür wird in 16,2 Jesus selbst als »demütig Gesinnter« (ταπεινοφρονῶν) ins Feld geführt, was in 16,3–16 Zitate von Jes 53,1–12 und Ps 21,7–9 (LXX) belegen sollen. V. 17 zieht daraus die Konsequenz: »Wenn nämlich der Herr eine so demütige Gesinnung zeigte (ἐταπεινοφρόνησεν), was sollen dann wir tun, die wir durch ihn unter das Joch seiner Gnade gelangt sind?« Während nach Phil 2 die Erniedrigung Christi umfassende Solidarität begründete und daher die Demut der Christen nur eine wechselseitige sein konnte, wird sie hier zur willigen Einfügung in die Hierarchie, konkretisiert sich »das Joch der Gnade Christi« für dessen Träger in der Anerkennung und im Gehorsam gegenüber der Autorität der unabsetzbaren Gemeindeleitung.

In Kap. 17 und 18 bringt Clemens Beispiele der Demut aus der Geschichte Israels, wobei er Abraham ausdrücklich als »demütig Gesinnten« bezeichnet (17,2), und stellt in 19,1 zu allen Beispielen zusammenfassend fest: »Die demütige Gesinnung (τὸ ταπεινόφρον) und die bescheidene Art (τὸ ὑποδεές) von so vielen und so beschaffenen Menschen mit solch gutem Ruf hat durch den Gehorsam nicht allein uns, sondern auch die Geschlechter vor uns besser gemacht.« Die hier wieder ins Spiel gebrachte Kategorie des Gehorsams wird von den zuvor gebotenen Beispielen her in keiner Weise nahegelegt.[107] Wenn Clemens sie dennoch an dieser zusammenfassenden Stelle nennt, gibt er zu erkennen, daß auf ihr für ihn der Akzent liegt: Demut erweist sich im Gehorsam – gegenüber der amtlichen Autorität der Presbyter.

---

107 Das in 17,5 vorgestellte Beispiel des Mose, in seinem alttestamentlichen Kontext Ex 3f gelesen, ist eher das Gegenteil eines Musterbildes von Gehorsam.

In 30,1–8 soll die Heiligkeit der Gemeinde beschrieben werden. Das geschieht zunächst in V.1 durch die Anführung eines Katalogs von Lastern, die zu meiden sind. Dabei ist auffällig, daß sich innerhalb einer ansonsten traditionellen Reihe der in der urchristlichen Literatur singuläre Begriff νεωτερισμοί findet. Von diesen »Ausbrüchen revolutionärer Gesinnung« her ist sicher auch der an letzter Stelle genannte Hochmut inhaltlich bestimmt.[108] Das als Begründung in V.2 gegebene Zitat aus Prov 3,34, Gott widerstehe den Hochmütigen, erweise sich aber den Demütigen gnädig, wird damit gegen das als Hochmut begriffene umstürzlerische Treiben in Korinth ins Feld geführt. Demgegenüber hat man sich nach V.3 denen anzuschließen, »denen die Gnade von Gott gegeben ist«. Auf die Situation in Korinth bezogen, kann hier »Gnade« nichts anderes meinen als »Amtsgnade«. Wenn nach der folgenden Mahnung Eintracht durch demütige Gesinnung erreicht werden soll, kann diese wiederum nur Unterordnung unter die Autorität des Amtes bedeuten. Entsprechendes gilt für V.8 am Ende des Abschnitts, wenn »Milde, Demut und Sanftmut« das positive Gegenüber zu »Dreistigkeit, Übermut und Verwegenheit« bilden.

In 56,1 fordert Clemens dazu auf, für die »Aufrührer«, »die in einer Sünde leben«, zu beten, »damit ihnen Milde und Demut gegeben werde, so daß sie nicht uns Folge leisten, sondern dem Willen Gottes«.[109] Milde und Demut sind hier Voraussetzung für die gehorsame Unterordnung unter die Autorität und dann gewiß auch deren Ausdruck.

Gegen Ende seines Schreibens gibt Clemens dem gewünschten Verhalten zunächst in allgemeinen Mahnungen Ausdruck und parallelisiert ihm das Verhalten der »Väter«, die »demütig gesinnt waren (ταπεινοφρονοῦντες) gegen den Vater und Gott und Schöpfer und alle Menschen« (62,2). Was er dann für »angebracht« hält, formuliert er im Klartext so: »den Nacken zu beugen und den Platz des Gehorsams einzunehmen, damit wir von dem nutzlosen Aufruhr ablassen und so zu dem uns in Wahrheit vorgelegten Ziel ohne jeden Tadel gelangen« (63,1). Was Clemens unter Demut versteht, hat er damit noch einmal

---

108 Festzuhalten ist, daß »Ausbrüche revolutionärer Gesinnung« nur für die im jeweiligen System Etablierten und von ihm Profitierenden ein »Laster« sein können.

109 Selbstverständlich stellt Clemens hier keinen Gegensatz zwischen der Mahnung der römischen Gemeinde und dem Willen Gottes heraus, sondern dieser tritt in jener in Erscheinung; genau das sollen die »Aufrührer« erkennen.

prägnant zum Ausdruck gebracht: Es geht um bedingungslose Unterordnung unter das autoritative Amt.[110]

»Gott macht uns seinen Willen kund . . . durch die Autorität. Die rechtmäßigen Vorgesetzten haben die Gewalt und Pflicht, ihre Untergebenen an Stelle Gottes zu leiten; darum enthalten ihre Befehle, Verbote, Entscheidungen, Wünsche und Ermahnungen den Willen Gottes. Der Gehorsam ist das einfachste, leichteste und sicherste Mittel, um zu jeder Zeit zu wissen, was Gott will« (*Franz Sinner*, Demut, die Grundtugend des christlichen Lebens, Wiesbaden 1925, 250). »Demut und Gehorsam sind unzertrennlich, aber verschieden. Demut ist die Wurzel und Seele des Gehorsams; Gehorsam ist der Ausdruck und eine der vorzüglichsten Übungen und Wirkungen der Demut« (ebd. 255). »Die Tugend des Gehorsams ist eine vom Hl. Geist eingenommene Geneigtheit des Willens, dem rechtmäßigen Vorgesetzten als Stellvertreter Gottes zu gehorchen« (ebd. 256).

»Die sozialen Prinzipien des Christentums predigen die Feigheit, die Selbstverachtung, die Erniedrigung, die Unterwürfigkeit, die Demut, kurz alle Eigenschaften der Kanaille, und das Proletariat, das sich nicht als Kanaille behandeln lassen will, hat seinen Mut, sein Selbstgefühl, seinen Stolz und seinen Unabhängigkeitssinn noch viel nötiger als sein Brot. Die sozialen Prinzipien des Christentums sind duckmäuserisch, und das Proletariat ist revolutionär« (*Karl Marx*, Der Kommunismus des »Rheinischen Beobachters«, MEW 4 [191–203; 5. September 1847], 200).

Daß Clemens Demut positiv wertet, darf nicht zu der Annahme verleiten, er stehe damit auch im inhaltlichen Verständnis dieses Begriffes in der alttestamentlich-jüdischen Tradition.[111] Der Sachverhalt ist differenzierter. Sicherlich kennt Clemens diese Tradition, da ihm die Septuaginta vertraut ist.[112] Von daher dürfte die positive Fassung des Demutsbegriffes ermöglicht sein. Aber inhaltlich kommt allenfalls die Weisheitstradition zum Zuge. Die materiell-soziale Dimension des Begriffes, der eine Wahrnehmung von »unten« entspricht, ist völlig ausgeblendet. »Demut« ist nicht mehr wie bei Paulus Bedingung der Möglichkeit einer solidarischen Gemeinschaft, sondern sie wird der Herausbildung und Festigung hierarchischer Strukturen dienstbar gemacht. Clemens nimmt im Blick auf die korinthische Situation seinen

---

110 Vgl. Brunner 128–134; danach gilt: »Demut ist zu einer auf Autorität bezogenen Haltung geworden« (133); sie ist »speziell die Haltung des gehorsamen sich Ein- und Unterordnens« (ebd.), »die Haltung, die religiöse Autorität um ihrer selbst willen anerkennt« (134).

111 So jedoch Brunner: »Ohne Ausnahme nimmt er (sc. der erste Clemensbrief) allein die biblisch-jüdische und hier bloß die positiv-religiöse Tradition auf und führt sie weiter« (132).

112 Vgl. das Zitat von Prov 3,34 in 30,2.

Standort »oben« ein[113], nämlich bei der Leitung der Gemeinde. Ihr gegenüber wird Demut zu einem »Untertanverhalten«. Inhaltlich ist das im Grunde der griechisch-römische Demutsbegriff, der lediglich in einer »Umwertung der Werte« positiv gewendet wird.

113 Zu seinem geographischen und sozialen Standort vgl. Wengst, Pax 135f.

V. SCHLUSS

». . . unter den Kreuzen der Unterdrückten«

Dieser Schlußteil wird keine »Zusammenfassung« bieten. Es soll vielmehr der Versuch unternommen werden, im wesentlichen einen Aspekt herauszugreifen und weiterzuführen. Am Ende des letzten Hauptteils war deutlich geworden, daß »Demut« im Sinne von gehorsamer Untertänigkeit im Urchristentum nur am Rande auftaucht, im ersten Clemensbrief. Dieses Verständnis von »Demut« ist aber das in der Kirchengeschichte wirkungsmächtigste geworden. Im Blick darauf ist es gewiß nicht von ungefähr, daß das Kreuz Jesu im ersten Clemensbrief keine Rolle spielt und daß es später sogar zum Herrschaftssymbol geworden ist. Angesichts dieser Wirkungsgeschichte konnte *Heinrich Heine* »von jener Religion« sprechen – er bezog sich dabei ausdrücklich auf den Katholizismus –, die »durch die Lehre von der Verwerflichkeit aller irdischen Güter, von der auferlegten Hundedemut und Engelsgeduld, die erprobteste Stütze des Despotismus geworden«[1] sei.

Demgegenüber gilt es, die andere Praxis von »Demut« bei Jesus und im größten Teil des Urchristentums und deren weit zurückreichende Ursprünge in alttestamentlich-jüdischer Tradition zu erinnern, wonach »Demut« keine Untertanentugend ist, sondern die Solidarität der Gedemütigten bezeichnet. Diese Sicht von »Demut« hat im Urchristentum ihren spezifisch christlichen Ermöglichungsgrund in der Christologie: Das Kreuz Jesu, die äußerste Schmach und Erniedrigung, wird angenommen und positiv gefaßt als Selbstidentifikation des verheißenden Gottes. Dessen Zusage an die Erniedrigten und Gedemütigten durch die Propheten, in den Psalmen, in nicht kanonisierten jüdischen Schriften und durch Jesus selbst manifestiert und

---

1 Die romantische Schule (1835), Sämtliche Schriften 5, Reihe Hanser 220/5, München u. Wien 1976 (357–504), 362.

konzentriert sich in seinem Kreuz. Da Gott sich hier zugleich als der definiert, der Jesus von den Toten auferweckt hat, wird damit den Gedemütigten und Erniedrigten Zukunft eröffnet. Es ist alles andere als zufällig, wenn diese Linie im Kontext heute erfahrener Erniedrigung und Demütigung vor allem in der lateinamerikanischen Befreiungstheologie und in der Schwarzen Theologie entdeckt und aufgenommen wird: Die Gedemütigten und Erniedrigten können sich zu ihrer eigenen Identität bekennen; sie brauchen sich nicht an herrschenden Standards – und d.h. an den Normen der Herrschenden – zu orientieren, sondern üben solidarisches Leben ein. In der eigenen Orientierung am Kreuz Christi, in der bewußten Akzeptanz des erzwungenen Leidens, beginnt so ein Prozeß schöpferischer Befreiung, der nicht eine bloße Umkehr erstrebt, sondern wahres Menschsein für die Unterdrückten und Geschwisterlichkeit für alle.

Was hier zusammenfassend gesagt wurde, sei ausgeführt mit Zitaten aus dem Buch des Südafrikaners *Takatso A. Mofokeng*: »Der Gekreuzigte unter den Kreuzträgern«.[2] »Die der Unterdrückung und Ausbeutung Unterworfenen beginnen, den Knoten durchzuschneiden, der sie an den weißen Mann und sein weißes Wertesystem als ihre Bezugspunkte bindet ... Darin werden sie Subjekte, die nicht mehr auf die sie umgebende Situation reagieren, sondern sie beantworten. Das Bewußtsein des schwarzen Menschen ist nicht mehr länger in diese materielle Situation eingebunden. Es transzendiert diese Situation und tritt ihr entgegen. Indem er dieser Situation entgegentritt, gewinnt er ein klareres Verständnis der Situation« (13).[3] An der Art, wie schwarze Christen in Südafrika Karfreitag feiern, erkennt Mofokeng: »Tatsächlich, es ist ihre eigene schmerzvolle Lebensgeschichte, die sie wieder erleben und erzählen. Jesus von Nazareth wird gefoltert, mißhandelt, gedemütigt und gekreuzigt in ihnen. Sie hängen am Kreuz als unschuldige Unterdrückte weißer böser Mächte. Jesu Schrei der Ver-

2 The Crucified among the Crossbearers. Towards a Black Christology, Kampen 1983.
3 Die schwarze Gemeinde »erlangt wieder und eignet sich wieder an ihre ganze negative Geschichte und ihr kulturelles Erbe, d.h. eine negative Schwarzheit und akzeptiert sie, und wird so ein umfassendes schwarzes Subjekt, das schwarze Negativität zur Befreiung gebraucht« (43). »Die menschlicher Ungerechtigkeit Unterlegenen werden befreit von der negativen Sicht ihrer selbst durch die Identifikation und Solidarität des Sohnes Gottes, die er dadurch erweist, daß er ihre Situation auf sich nimmt« (258).

lassenheit ist ihr eigener täglicher Schrei . . . Da ist eine Identifikation zwischen Jesu Leiden und ihren Leiden« (28). Als bemerkenswertes Faktum stellt Mofokeng fest, daß dagegen die Auferweckung Jesu »aus dem Bereich solch intensiver Feier herausfällt, weil sie aus dem Bereich der Lebenserfahrung des durchschnittlichen schwarzen Christen herausfällt« (29). So fragt er: »Wie können diese schwarzen Christen, die der Unterdrückung und Ausbeutung unterliegen, die Geschichte Jesu von Nazareth, besonders seine Auferweckung, in einer Weise reflektieren, die sie bewegt, Leben zu suchen im Kampf gegen Mächte, die Leben verneinen und zerstören?« (29) Er beantwortet diese Frage, indem er »das Ereignis von Kreuz und Auferweckung« als »ein lebendiges paradigmatisches Ereignis für die Befreiungsbemühung der Unterdrückten« versteht (39). »Sie müssen den Fußstapfen Jesu von Nazareth folgen. Gerade wie bei Jesus wird Leiden als ein letzter Akt geschichtlicher Liebe zur Kraft jenseits von Worten. Es ist wirkliches Leiden, aber es wird nicht vergeblich sein. Es wird nicht nur am Ende mit Sieg gekrönt. Es ist selbst schon Sieg über Furcht und Selbsterhaltung und über alle (Tod bringenden) Mächte« (39f). »Gott nimmt teil an ihrem Kampf, der sein Kampf ist. Mit anderen Worten, die Geschichte Jesu setzt sich fort im Kampf der Unterdrückten, die sich erheben, um sich selbst zu bejahen . . . Das Ereignis der Auferweckung Jesu von Nazareth hält die kämpfende Gemeinde der Unterdrückten aufrecht, während es sich hinzieht, daß sie am Kreuze hängen . . . Die Botschaft von der Auferweckung Jesu Christi an sie besteht darin, daß Gott, der Jesus erweckte, am Werk ist in ihrer Zeit, da sie am Kreuze hängen, indem er die schwarze Menschheit bejaht und eine neue Menschheit herauführt und eine neue Welt, in der menschliches Leben für alle möglich sein wird« (41f).[4] Im Kreuz Jesu »solidarisiert sich Gott mit der leidenden Menschheit bis zum tiefsten Punkt« (261). Damit weist er aber auch denen den Platz an, die sich zu ihm bekennen: »Geschichtlich ist unser Ort für unser engagiertes Leben, gerade wie seiner (sc. Jesu), unter den Kreuzen der Unterdrückten. Es ist dieser Ort, aus dem unsere Hoffnung auf Befreiung hervor-

---

4 Vgl. S. 263: »Der Sohn lebt, um nie wieder zu sterben, und er ruft eine Gemeinde hervor, die mit ihm liebt und leidet im Kampf gegen die Mächte, die sich der Befreiung des Menschen widersetzen, und für die Heraufkunft einer neuen Welt voll Gerechtigkeit für die Beraubten und Geschwisterlichkeit unter den Menschen.«

geht und glaubwürdig wird, und je tiefer wir in diesen niedrigen Ort hinabsteigen, um so näher unsere Auferweckung« (98).

Neben dieses letzte Zitat von Mofokeng stelle ich ein Gedicht von *Reiner Kunze:*

Auf dem Kalvarienberg bei Retz im Januar

Auch der weinstock ist ein gekreuzigter
Wie er sich in seiner nacktheit krümmt, die arme
zur seite gebunden
Ganz die gebärde des erlösers
am sandsteinkreuz
Und *blut und wasser* wird zur beere, aus der sie
jahr für jahr den süßen einträglichen wein keltern
Wie aus dem stein den glauben
So viele gekreuzigte auf dem weg zu dem einen[5]

Es käme darauf an, daß diejenigen, die nicht selbst zu den Gedemütigten gehören, »Demut« als Solidarität mit den Gedemütigten lernten und übten. Das wäre eine ökumenische Tugend, die sich von gönnerhafter Herablassung gründlich unterschiede. *Gustavo Gutiérrez* erwähnt einen bolivianischen Landarbeiter, der in Puebla sagte: »Atheist ist, wer gegenüber den Armen keine Gerechtigkeit walten läßt.«[6]

5 Reiner Kunze, auf eigene hoffnung, Frankfurt/M. ²1981, 38.
6 Die historische Macht der Armen, München u. Mainz 1984, 98.

Literaturverzeichnis

Alföldy, Geza: Die Freilassung von Sklaven und die Struktur der Sklaverei in der römischen Kaiserzeit, in: Sozial- und Wirtschaftsgeschichte der römischen Kaiserzeit, hg. v. Helmuth Schneider, WdF 552, Darmstadt 1981, 336–371.
– Römische Sozialgeschichte, Wiesbaden [2]1979.
Arvedson, Tomas: Das Mysterium Christi. Eine Studie zu Mt 11,25–30, Uppsala 1937.
Awerbuch, Marianne: Art. Demut II. Judentum, in: TRE, VIII 1981, 462f.
Bammel, Ernst: Art. πτωχός κτλ., in: ThWNT, VI 1959, 888–915.
Berger, Klaus: Wissenssoziologie und Exegese, Kairos 19, 1977, 124–133.
Birkeland, Harris: ani und anaw in den Psalmen, Oslo 1933.
– Die Feinde des Individuums in der israelitischen Psalmenliteratur. Ein Beitrag zur Kenntnis der semitischen Literatur- und Religionsgeschichte, Oslo 1933.
– The Evildoers in the Book of Psalms, Oslo 1955.
Boer, Willem den: *Tapeinos* in Pagan and Christian Terminology, in: Tria corda. Scritti in onore di Arnaldo Momigliano, hg. v. E. Gabba, Como 1983, 143–162.
Brox, Norbert: Der erste Petrusbrief, EKK XXI, 1979.
Brunner, Gerbert: Die theologische Mitte des ersten Klemensbriefs. Ein Beitrag zur Hermeneutik frühchristlicher Texte, FTS 11, 1972.
Bultmann, Rudolf: Art. καυχάομαι κτλ., in: ThWNT, III 1938, 646–654.
Burchard, Christoph: Gemeinde in der strohernen Epistel. Mutmaßungen über Jakobus, in: Kirche. FS Günther Bornkamm, hg. v. Dieter Lührmann u. Georg Strecker, Tübingen 1980, 315–328.
Christ, Felix: Jesus Sophia. Die Sophia-Christologie bei den Synoptikern, AThANT 57, 1970.
Crüsemann, Frank: Die unveränderbare Welt. Überlegungen zur »Krisis der Weisheit« beim Prediger (Kohelet), in: Der Gott der kleinen Leute. Sozialgeschichtliche Bibelauslegungen 1. Altes Testament, hg. v. Willy Schottroff u. Wolfgang Stegemann, München u. Gelnhausen u.a. 1979, 80–104.
Dibelius, Martin: Der Brief des Jakobus, KEK 15, hg. u. ergänzt v. Heinrich Greeven, [11]1964.
Dihle, Albrecht: Art. Demut, in: RAC, III 1957, 735–778.
Ebach, Jürgen: Arme und Armut im Alten Testament. Zum Umgang mit alttestamentlichen Aussagen, ZMiss 5, 1979, 143–153.
– Ursprung und Ziel. Erinnerte Zukunft und erhoffte Vergangenheit. Biblische Exegesen, Reflexionen, Geschichten, Neukirchen-Vluyn 1986.
– Das Recht der Armen, in: Die Mülltonnen der Reichen und der arme Lazarus, hg. v. Hartwig Liebich, Stuttgart 1982, 17–21.
Elliger, Karl: Das Buch der zwölf Kleinen Propheten II. Die Propheten Nahum, Habakuk, Zephanja, Haggai, Sacharja, Maleachi, ATD 25, [4]1959.
– Studien zum Habakuk-Kommentar vom Toten Meer, BHTh 15, 1953.
Eßer, Hans-Helmut: Art. Demut/ταπεινός, in: TBLNT, I [4]1977, 176–179.
Fabry, H.-J.: Art. דל, ThWAT, II 1977, 221–244.
Farris, Stephen: The Hymns of Luke's Infancy Narratives. Their Origin, Meaning and Significance, Journal for the Study of the New Testament Supplement Series 9, Sheffield 1985.

Fendler, Marlene: Zur Sozialkritik des Amos. Versuch einer wirtschafts- und sozialgeschichtlichen Interpretation alttestamentlicher Texte, EvTh 33, 1973, 32–53.

Foerster, Werner: Art. ἁρπάζω, ἁρπαγμός, in: ThWNT, I 1933, 471–474.

Frey, Christofer: Tugenden – ein Thema für evangelische Ethik?, EvErz 37, 1985, 349–359.

Giesen, Heinz: Art. ταπεινός κτλ., in: EWNT, III 1983, 798–804.

Gnilka, Joachim: Der Philipperbrief, HThK X 3, ²1976.

– Das Matthäusevangelium 1, HThK I 1, 1986.

Grundmann, Walter: Das Evangelium nach Matthäus, ThHK I, ³1972.

– Art. ταπεινός κτλ., in: ThWNT, VIII 1969, 1–27.

Hauck, Friedrich / Siegfried Schulz: Art. πραΰς, πραΰτης, in: ThWNT, VI 1959, 645–651.

Hempel, Johannes: Das Ethos des Alten Testaments, BZAW 67, ²1964.

Hengel, Martin: Judentum und Hellenismus. Studien zu ihrer Begegnung unter besonderer Berücksichtigung Palästinas bis zur Mitte des 2. Jh.s v.Chr., WUNT 10, ²1973.

Herrmann, Siegfried: Geschichte Israels in alttestamentlicher Zeit, München ²1980.

Hock, Ronald F.: Paul's Tentmaking and the Problem of His Social Class, JBL 97, 1978, 555–564.

Hofius, Otfried: Der Christushymnus Philipper 2,6–11. Untersuchungen zu Gestalt und Aussage eines urchristlichen Psalms, WUNT 17, 1976.

Jacob, Edmond: Art. ψυχή κτλ. B. Die Anthropologie des Alten Testaments, in: ThWNT, IX 1973, 614–629.

Jens, Walter: Am Anfang der Stall, am Ende der Galgen: Jesus von Nazareth (seine Geschichte nach Matthäus), Stuttgart 1972.

Jeremias, Gert: Der Lehrer der Gerechtigkeit, StUNT 2, 1963.

Käsemann, Ernst: Kritische Analyse von Phil. 2,5–11, in: Ders., Exegetische Versuche und Besinnungen I, Göttingen 1960, 51–95.

– An die Römer, HNT 8a, 1973.

Kaiser, Otto: Der Prophet Jesaja. Kapitel 1–12, ATD 17, ²1963.

Keel, Othmar: Feinde und Gottesleugner. Studien zum Image der Widersacher in den Individualpsalmen, SBS 7, 1969.

Kellermann, Ulrich: Messias und Gesetz. Grundlinien einer alttestamentlichen Heilserwartung. Eine traditionsgeschichtliche Einführung, BSt 61, 1971.

Kippenberg, Hans G.: Die Entlassung aus Schuldknechtschaft im antiken Judäa: Eine Legitimitätsvorstellung von Verwandtschaftsgruppen, in: »Vor Gott sind alle gleich«. Soziale Gleichheit, soziale Ungleichheit und die Religionen, hg. v. Günter Kehrer, Düsseldorf 1983, 74–104.

Klostermann, Erich: Das Matthäusevangelium, HNT 4, ⁴1971.

Koch, Klaus: Die Entstehung der sozialen Kritik bei den Profeten, in: Probleme biblischer Theologie. FS Gerhard von Rad, hg. v. Hans Walter Wolff, München 1971, 236–257.

Kraus, Hans-Joachim: Psalmen 1, BK XV 1, ²1961.

Lang, Bernhard: Prophetie und Ökonomie im alten Israel, in: »Vor Gott sind alle gleich«. Soziale Gleichheit, soziale Ungleichheit und die Religionen, hg. v. Günter Kehrer, Düsseldorf 1983, 53–73.

– Sklaven und Unfreie im Buch Amos, VT 31, 1981, 482–488.

– Wie wird man Prophet in Israel? in: Ders., Wie wird man Prophet in Israel? Aufsätze zum Alten Testament, Düsseldorf 1980, 31–58.

Lichtenberger, Hermann: Studien zum Menschenbild in Texten der Qumrangemeinde, StUNT 15, 1980.

Lietzmann, Hans: An die Korinther I.II, HNT 9, [4]1949.

Lohfink, Norbert: Von der »Anawim-Partei« zur »Kirche der Armen«. Die bibelwissenschaftliche Ahnentafel eines Hauptbegriffs der »Theologie der Befreiung«, Bib. 67, 1986, 153–176.

Lohse, Eduard: Die Briefe an die Kolosser und an Philemon, KEK IX 2, 1968.

Martin-Achard, R.: Art. ענה 'nh II elend sein, in: THAT, II 1976, 342–350.

Martino, Francesco de: Wirtschaftsgeschichte des alten Rom, München 1985.

Mehl, Roger: Art. Demut IV. Systematisch, in: RGG[3], II 1958, 80–82.

Mußner, Franz: Der Jakobusbrief, HThK XIII 1, [3]1975.

Nickelsburg, George W. E.: The Apocalyptic Message of 1 Enoch 92–105, CBQ 39, 1977, 309–328.

– Riches, the Rich, and God's Judgement in 1 Enoch 92–105 and the Gospel according to Luke, NTS 25, 1979, 324–344.

Percy, Ernst: Die Botschaft Jesu. Eine traditionskritische und exegetische Untersuchung, Lund 1953.

Pflaum, Hans-Georg: Das Römische Kaiserreich, PWG, IV 1963, 317–428.

Plöger, Otto: Sprüche Salomos (Proverbia), BK XVII, 1984.

Preuß, Horst Dietrich: Art. Demut I. Altes Testament, in: TRE, VIII 1981, 459–461.

Rad, Gerhard von: Theologie des Alten Testaments II. Die Theologie der prophetischen Überlieferungen Israels, München [4]1965.

Radler, Aleksander: Art. Demut VIII. Ethisch, in: TRE, VIII 1981, 483–488.

Rehrl, Stefan: Art. Demut III. Neues Testament, IV. Alte Kirche, in: TRE, VIII 1981, 463–468.

– Das Problem der Demut in der profan-griechischen Literatur im Vergleich zu Septuaginta und Neuem Testament, AeC 4, 1961.

Rudolph, Wilhelm: Joel, Amos, Obadja, Jona, KAT XIII 2, 1971.

– Micha, Nahum, Habakuk, Zephanja, KAT XIII 3, 1975.

Ruppert, Lothar: Der leidende Gerechte. Eine motivgeschichtliche Untersuchung zum Alten Testament und zwischentestamentlichen Judentum, FzB 5, 1972.

Sacchi, Paolo: Henochgestalt/Henochliteratur, TRE, XV 1986, 42–54.

Sauer, Georg: Jesus Sirach (Ben Sira), JSHRZ III/5, 1981, 479–644.

Schlatter, Adolf: Der Evangelist Matthäus. Seine Sprache, sein Ziel, seine Selbständigkeit, Stuttgart [2]1933.

Schlier, Heinrich: Die Eigenart der christlichen Mahnung nach dem Apostel Paulus, in: Ders., Besinnung auf das Neue Testament. Exegetische Aufsätze und Vorträge II, Freiburg u.a. [2]1967, 340–357.

– Der Brief an die Epheser, Düsseldorf [4]1963.

– Der Römerbrief, HThK VI, 1977.

Schnackenburg, Rudolf: Der Brief an die Epheser, EKK X, 1982.

Schneider, Gerhard: Das Evangelium nach Lukas, ÖTK 3/1.2, 1977.

Schottroff, Luise: Das geschundene Volk und die Arbeit in der Ernte Gottes nach dem Matthäusevangelium, in: Mitarbeiter der Schöpfung. Bibel und Arbeitswelt, hg. v. Luise und Willy Schottroff, München 1983, 149–206.

– Das Magnificat und die älteste Tradition über Jesus von Nazareth, EvTh 38, 1978, 298–313.

Schottroff, Luise / Stegemann, Wolfgang: Jesus von Nazareth – Hoffnung der Armen, Stuttgart u.a. 1978.

Schottroff, Willy: Der Prophet Amos. Versuch der Würdigung seines Auftretens unter sozialgeschichtlichem Aspekt, in: Der Gott der kleinen Leute. Sozialgeschichtliche Bibelauslegungen 1. Altes Testament, hg. v. dems. / Wolfgang Stegemann, München u. Gelnhausen u.a. 1979, 39–66.

Schrage, Wolfgang: Ethik des Neuen Testaments, NTD Ergänzungsreihe 4, 1982.

– Der Jakobusbrief, in: Horst Balz / Ders., Die »Katholischen« Briefe, NTD 10, ²1980, 5–59.

Schürmann, Heinz: Das Lukasevangelium I. 1,1–9,50, HThK III 1, 1969.

Schwantes, Milton: Das Recht der Armen, Beiträge zur biblischen Exegese und Theologie 4, Frankfurt a.M. u.a. 1977.

Schweizer, Eduard: Das Evangelium nach Matthäus, NTD 2, 1973.

– Art. ψυχή κτλ. D. Neues Testament, in: ThWNT, IX 1973, 635–657.

Stegemann, Hartmut: Die Entstehung der Qumrangemeinde, Diss. ev.-theol. 1965, Bonn 1971.

Strecker, Georg: Der Weg der Gerechtigkeit. Untersuchung zur Theologie des Matthäus, FRLANT 82, ³1971.

Theißen, Gerd: Christologie und soziale Erfahrung. Wissenssoziologische Aspekte paulinischer Christologie, in: Ders., Studien zur Soziologie des Urchristentums, WUNT 19, ²1983, 318–330.

Uhlig, Siegbert: Das äthiopische Henochbuch, JSHRZ V/6, 1984, 461–780.

Vielhauer, Philipp: Geschichte der urchristlichen Literatur. Einleitung in das Neue Testament, die Apokryphen und die Apostolischen Väter, Berlin u. New York, 1975.

Weiser, Artur: Das Buch Jeremia, ATD 20.21, ⁶1969.

– Einleitung in das Alte Testament, Göttingen ⁶1966.

Weiß, Konrad: Art. φέρω κτλ., in: ThWNT, IX 1973, 57–89.

Wengst, Klaus: PAX ROMANA. Anspruch und Wirklichkeit. Erfahrungen und Wahrnehmungen des Friedens bei Jesus und im Urchristentum, München 1986.

– Versöhnung und Befreiung. Ein Aspekt des Themas »Schuld und Vergebung« im Lichte des Kolosserbriefes, EvTh 36, 1976, 14–26.

Wiedemann, Thomas: The Regularity of Manumission at Rome, Classical Quarterly 35, 1985, 162–175.

Wilckens, Ulrich: Der Brief an die Römer 3. Röm 12–16, EKK VI 3, 1982.

– Art. σοφία κτλ., in: ThWNT, VII 1964, 465–475.497–529.

Wildberger, Hans: Jesaja 3. Jesaja 28–39. Das Buch, der Prophet und seine Botschaft, BK X 3, 1982.

Winkler, Klaus: Art. Clementia, in: RAC, III 1957, 206–231.

Wolff, Hans Walter: Dodekapropheton 2. Joel und Amos, BK XIV 2, 1969.

Stellenregister

Die nach den Stellen angegebenen Zahlen bezeichnen Seiten, beigestellte kleine Zahlen Anmerkungen.

a) Altes Testament und Judentum

Gen
9,4 — 53[63]

Ex
3f. — 99[107]

Lev
17,14 — 53[63]

Dtn
12,23 — 53[63]
28 — 55[71]
28,13 — 55

Ps
21,7-9 LXX — 99
37 — 47-50

Prov
3,34 — 82.100.101[112]
6,1-11 — 54[69]
8 — 76
8,4 — 76
8,18.21 — 76
11,2 — 60[93]
15,33 — 60
16,19 — 61
18,12 — 60.60[93]
22,4 — 60
29,23 — 60f.
30,14 — 60[91]

Koh
7,21 — 63[99]

Jes
6,13 — 43[33]
11,1-10 — 43[36]
11,1 — 43
11,3b-5 — 43-45
26,1-6 — 46[43]
29,19 — 39
29,20f — 38f

47,17 — 41[29]
53,1-12 — 99
57,15 — 55[72]

Jer
6,16 — 75[26].76
22,13 — 52[59]

Dan
3,87 LXX — 74[20]

Am
1,1 — 40
2,6f — 35-43
2,8 — 37.39.39[21]
2,9f — 41
2,9 — 42[30]
2,10 — 41
2,14-16 — 42
3,1 — 41
3,2 — 42
3,10 — 42
3,12b — 37
3,15 — 37.42
4,1 — 39.39[20]
4,2f — 42
5,7 — 42
5,8f — 42
5,11 — 37.39[21].42
5,12 — 38[15].42
5,24 — 42
6,4-6 — 42
6,4 — 37
6,5 — 37
6,6 — 37
6,7.11 — 42
6,12 — 42
7,1-6 — 41f
7,1-3 — 42[30]
7,2 — 42[30]
7,4-6 — 42[30]
7,5 — 42[30]
7,14f — 40

Klaus Wengst

Pax Romana

Anspruch und Wirklichkeit. Erfahrungen und Wahrnehmungen
des Friedens bei Jesus und im Urchristentum.

292 Seiten, kartoniert

ISBN 3-459-01638-8

Dem Bochumer Neutestamentler Klaus Wengst gebührt das Verdienst, von einem sozialgeschichtlichen Ansatz her die Komple-
xität des neutestamentlichen Friedenszeugnisses so profund wie
gut lesbar darzustellen. Der rund einhundert Seiten starke wis-
senschaftliche Anmerkungsteil steht am Schluß des Buches, so
daß sein Textteil auch für theologisch interessierte Laien lesbar
bleibt. Sie waren auch die ersten Adressaten dieser Ausführungen, die aus Gemeindevorträgen erwachsen sind.

Der Autor entfaltet die Wirklichkeit des von Rom ausgehenden
Friedens in seinen verschiedenen Aspekten; er geht den Erfahrungen Jesu und der frühen Christen mit der Pax Romana nach
und erörtert schließlich, wie mit der Verschiedenheit urchristlicher Stellungnahmen zum Frieden heute umzugehen ist.

»Unmöglich, das Buch zu lesen, ohne heutige Fragen der Frie-
densproblematik einzubeziehen, auch die Frage, wo sich die unterschiedlichen kirchlich-politischen Prioritäten herleiten, wie
sie zu gewichten sind angesichts einer Perspektive, die sich am
Bekenntnis ›Er ist unser Friede‹ orientiert. Ein herausforderndes
Buch, dessen Fragestellung sich der Leser nicht entziehen kann!«
epd

Ein Buch aus dem Chr. Kaiser Verlag, München